JN241570

関口真優の
ミニチュアフードの
教科書

MINIATURE
FOODS

はじめに

昔ながらの洋食屋さんや喫茶店のショーウィンドウに並ぶ、
ナポリタン、オムライス、えびフライ、クリームソーダ……。
パンやライス、おかず、野菜やフルーツを少しずつ盛りつけた、
カフェのメニューのようなおしゃれなワンプレート。
本書では見ているだけで心がときめく料理やスイーツを集めた、
ミニチュアフードを紹介します。

1つ1つのパーツ作りは細かい作業が多いですが、
型を取っておけば、一度にたくさん作ることもできます。
見えない部分も手を抜かず、できるだけ本物の料理と同じ手順をふむことで、
リアルな仕上がりになります。

食べものだけでなく、盛りつけるための食器の作り方も紹介します。
使用する材料を変えれば、陶器、洋食器、ガラス、木のプレートと、
さまざまな素材の器を作ることができます。

ワンプレートは紹介した作品と同じものを作ってもよいですが、
自由にパーツを組み合わせてオリジナルのプレートを考えるのも楽しいです。
好きなパーツや食器を選び、ぜひ自分だけの一皿を作ってみてください。

できあがった作品は、お部屋に飾ってインテリアに。
金具をつけてアクセサリーにアレンジするのもおすすめです。
無心になって手を動かすと、できあがったときの喜びもひとしお。
この本でミニチュアの楽しさを感じていただけたら嬉しいです。

関口真優

CONTENTS

トッピングパーツの作り方

ミニチュア食器の作り方

COLUMN

miniature
BASICS
foods

ミニチュアフードの基本

使用する材料や道具、粘土の計量、着色、成形についてなど、
作品を作る前に知っておきたい基本をまとめました。

MATERIAL
使用する主な材料

ミニチュアフード作りに使う基本の材料を紹介します。
食器作りに使用するものは、p.130をご覧ください。

 粘土

グレイス
（サン工業）

本書の主な作品で使用している樹脂粘土。キメが細かく、薄くのばせて仕上がりに透明感が出る。

グレイスライト
（サン工業）

樹脂粘土をベースにした軽量粘土。弾力性があり、キメが細かい。イングリッシュマフィン（p.81）、パンケーキ（p.82）、カンパーニュ（p.83）で使用。

グレイスカラー
（サン工業）

発色が美しいカラー粘土（全9色）。そのまま使うほか、粘土を濃く着色するときに混ぜ合わせる。

グレイスジュエリーライン
（サン工業）

しなやかでコシがある樹脂粘土。モンブラン（p.70）、イングリッシュマフィン（p.81）、カンパーニュ（p.83）で使用。型抜きしやすいので食器作りにもおすすめ。

UV－LEDレジン

〈 UV－LEDレジン
の着色 〉

すけるくん
（アイボン産業）

透明度が高くて柔軟性がある粘土。フルーツなどに使用し、透明感やみずみずしさを表現。乾燥すると色が濃くなるので着色の際は薄めに仕上げる。

UV-LED レジン 月の雫
（パジコ）

UV-LEDライト、UVライト、太陽光で硬化する1液性レジン。シリコン型でもしわにならず、反りにくい。抜群のクリア感で、時間が経っても黄ばみにくい。

レジン用着色剤 宝石の雫
（パジコ）

1滴ずつ出せる液体着色剤。レジンと混ざりやすく、美しい発色。カラーバリエーションが豊富。本書では、基本色を使用。

型取り

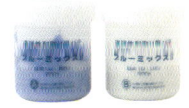
作り方の工程写真は別の型取り材を使用。紫ではなく、実際の色はブルーです。

エポキシ造形パテ〈速硬化タイプ〉
（タミヤ）

型の原型を作るときに使用。キメ細かな表現ができ、速硬化タイプは5〜6時間と硬化時間も短い。

ブルーミックス
（アグサジャパン）

シリコーン製の型取り剤。粘土状で柔らかいので型を取りやすい。約30分で取りはずし可。

着色

アクリル絵具
（リキテックス）

本書ではソフトタイプを使用。粘土の着色や、色塗りに。雑穀米（p.87）、さつまいも（p.94）、ラディッシュと赤大根（p.99）、漬物（p.112）は**ターナー ジャパネスクカラー**のえんじ色を使用。

デコレーションカラー
（タミヤ）

ツヤのある発色が特徴のアクリル塗料（全13色）。粘土を着色するときに混ぜるほか、筆で塗ってフルーツなどの着色に使用。塗るときは別売りの溶剤を混ぜて薄めると塗りやすい。

カラー粘土の達人
（タミヤ）

粘土用の着色剤。べたつきにくく、色づきがよい。焼きなす（p.89）、アスパラガス（p.96）、漬物（p.112）、ブルーベリージャム（p.78）でブルーベリーを使用。

接着

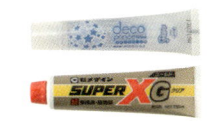

あると便利な材料

接着剤

パーツの接着やアクセサリー作りに。本書では**デコプリンセス（コニシ）**、**スーパーX ゴールドクリア（セメダイン）**を使用。

木工用ボンド
（コニシ）

パーツの接着で使うほか、クリームやディップなどを作るときに使用。乾燥後は透明になる。100円均一ショップなどのものでOK。

クリーミィホイップ ミルク
（パジコ）

手軽にホイップクリームが表現できるクリーム状の粘土。マットな質感でリアルな仕上がりに。モンブラン（p.70）に使用。

ベビーパウダー

ミニタルト（p.75）やカンパーニュ（p.83）などを作るときに。白い絵具と混ぜてまぶし、粉や粉砂糖の表現に使用。

ベビーオイル

粘土を型に詰めたり、切ったりするとき、カッターや型にオイルを塗ると粘土がくっつかずに作業しやすい。

ニス（ツヤあり）

仕上げに塗ると強度が増す。**つや出しニス（タミヤ）**、**水性アクリルニス ウルトラバーニッシュ（パジコ）**がおすすめ。

使用する主な道具

ミニチュアフード作りに使う基本の道具を紹介します。
自分の手になじむ、使いやすいものを選びましょう。

クリアファイル

作業をするときに下に敷く。粘土がくっつきにくく、汚れたら使い捨てできるので便利。

カラースケール
（パジコ）

粘土をくぼみに詰めて計量することができる道具。りんご（p.120）などの成形にも使用。

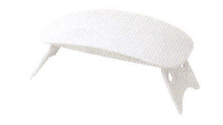

UV-LED ハンディライト3
（パジコ）

レジンを硬化するときに使用するUV-LEDライト。手のひらサイズでコンパクトなので場所を取らない。45秒、60秒のタイマーつき。

はさみ

粘土を切ったり、切り込みを入れたりするときに。切れ味がよく、刃先が細い粘土用がおすすめ。

カッター
デザインナイフ

カッターは刃の両側を持って押すように切る。細かい部分にはデザインナイフが使いやすい。

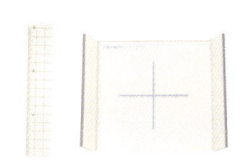

ものさし・プレス器

粘土をのばすときに。本書ではミニプレス（サン工業）を使用。ものさしはサイズも測りやすい透明がよい。

歯ブラシ

粘土に質感をつけるときに使用。しっかり模様がつくように毛先は硬めを選ぶとよい。

ステンレスモデラ
（サン工業）

ステンレス製の粘土ヘラ。先端が細く、小回りがきくので細かい部分の作業に向いている。

粘土ヘラ

粘土に筋や模様を入れるときに。メーカーにより形が異なるので好みで選ぶ。（右）クレイヘラ3本セット（サン工業）、（左）ねんどベラ3本セット（パジコ）。

シュガークラフト用の細工棒

先端に丸みがある棒。粘土にくぼみをつけるときや、小さな粘土をつぶすときなどに使用。

爪楊枝

粘土に質感をつけるほか、粘土の着色時にアクリル絵具を少量すくうときにも使用。

筆

色を塗る面積が広いときは幅広筆、細かい部分は細筆や極細筆を選ぶ。右3本は**モデリングブラシHF（タミヤ）**、左は**クレイジュエリー筆短軸平筆4号（サン工業）**。

メイクチップ

絵具を塗るときに使用。たたくようにして塗ると、ほどよくグラデーションができる。

カップ・小皿

カップは絵具の水入れに、小皿はUV-LEDレジンの着色などに。使い捨てできる薬味皿が便利。

ピンセット

食器に盛りつけるときにパーツをつかんだり、小さいものを作業するときに押さえる。

クッキングシート

ものさしやプレス器で粘土をのばすとき、くっつかないように間に挟むとよい。

ラップ・メモ用紙

着色するときに絵具を出すパレットとして使用。ラップは粘土の保存 (p.10) にも使用。

スポンジ

粘土を乾燥させるとき上にのせる。通気性がよいので底までしっかり乾かすことができる。

あると便利な道具

針

食パン (p.80) やバゲット (p.82)、カンパーニュ (p.83) など、パンを作るときに。針で穴をあけて気泡を表現。

両面テープ（厚手）

フックに両面テープを巻いた作業台 (p.135) を作るときに使用。厚手がおすすめ。

粘土は空気に触れると乾燥してかたまります。使う分だけ取り出しましょう。一度かたまると再利用できないため、しっかり密閉して保存します。

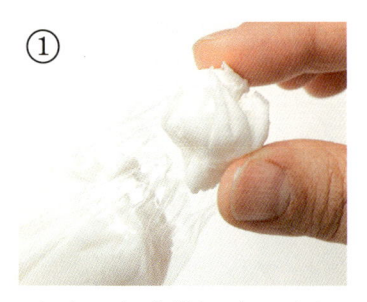

① パッケージの先端をはさみで切り、必要な量の粘土を取り出す。

② 取り出した粘土は使う直前まで空気に触れないように、すぐにラップに包む。

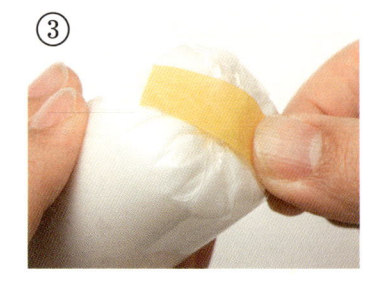

③ パッケージの開け口をねじって空気を遮断し、マスキングテープでしっかり留める。
セロハンテープは粘着力が強く、はがすときに袋が破けやすいのでマスキングテープがおすすめ。

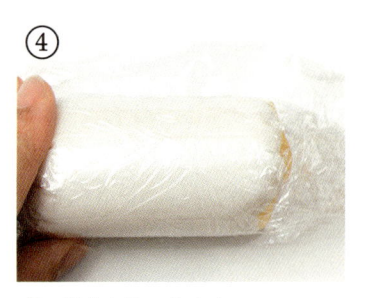

④ ③の粘土をラップに包む。

⑤ ④を保存袋に入れる。

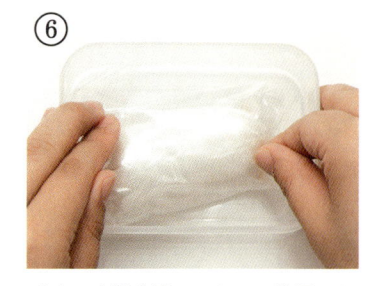

⑥ さらに密閉容器に入れる。常温で3カ月ほど（残量による）保存可能。
袋から出した粘土もラップで包んで保存袋に入れると翌日までもちます。

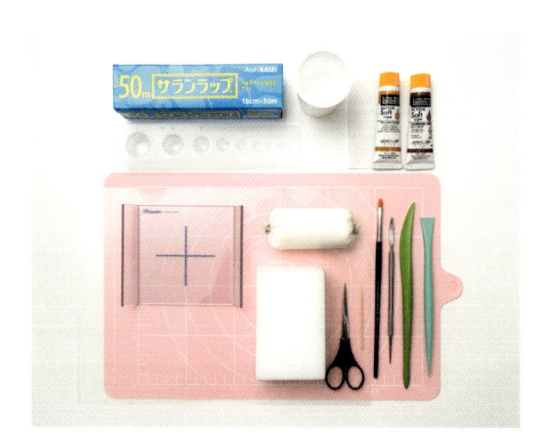

作り始める前の準備

◎ 手をきれいに洗い、作業台にホコリや小さなゴミがないかチェックします。

◎ 必要な道具を用意します。クリアファイルか粘土用マット（方眼が描いてあるものが便利）を敷き、絵具を使う場合はコップに水を入れます。道具に汚れやゴミがついていると作品に混入するので、きれいにしましょう。特に白や濃い色の粘土を使うときは注意します。

粘土の計量

本書は粘土の計量にカラースケール (p.8) を使います。
作り方に記載したアルファベットは計量時に使用するくぼみの大きさ。
ない場合は下記の直径を参考に丸玉を作ってください。

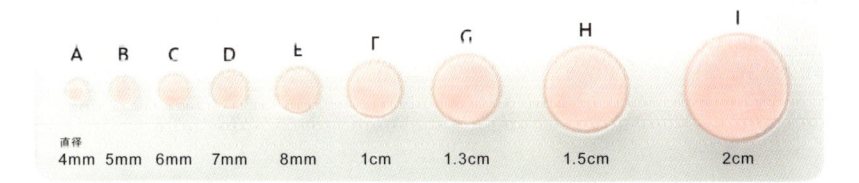

A	B	C	D	E	F	G	H	I

直径
4mm　5mm　6mm　7mm　8mm　1cm　1.3cm　1.5cm　2cm

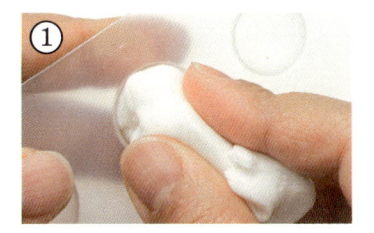

① カラースケールの指定のくぼみに粘土を少し多めに詰める。

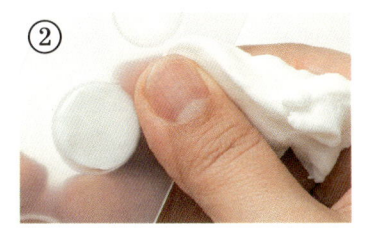

② 指先ですりきり、余分な粘土を取り除いて平らにする。

カラースケールがない場合は、指定の直径になるようにものさしで測り、丸玉を作る。

粘土の着色

粘土の着色には主にアクリル絵具を使用。
色によってはカラー粘土を混ぜることもあります。

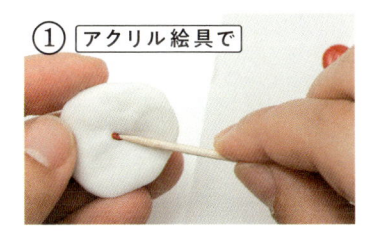

① アクリル絵具で

粘土を平らに広げ、爪楊枝の先端で絵具を少量すくい、真ん中にのせる。

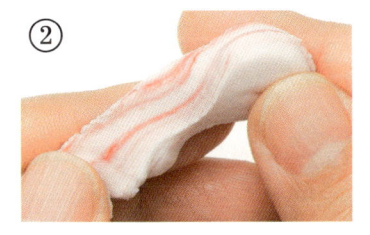

② 絵具を包み込むようにのばしてたたむをくり返し、ムラがなくなるまで混ぜる。

イメージする色になるまで、混ぜながら絵具を少しずつ足して調整します。よくこねるとキメ細かくしっとりしてきます。

① カラー粘土で

ベースの粘土とカラー粘土を指定の大きさで計量し、貼り合わせる。

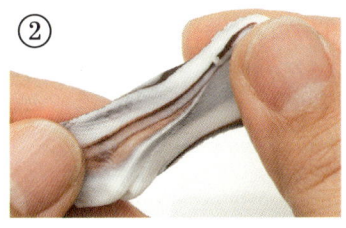

② のばしてたたむをくり返し、ムラがなくなるまで混ぜる。

粘土の基本となる動作をマスターしましょう。
わかりやすく解説するため、写真の粘土はピンクに着色しています。

こねる

粘土は取り出したら最初にこねることで、キメ細かく、しっとりしてきます。

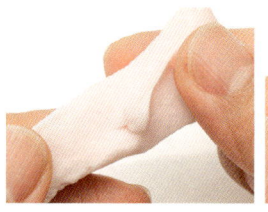
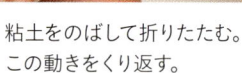

粘土をのばして折りたたむ。
この動きをくり返す。

丸める

こねた粘土は丸玉にしてから成形します。表面にヒビやしわのない球体を作ります。

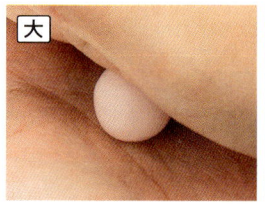
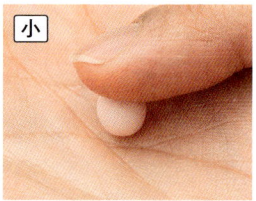

大 大きめの粘土は手のひらで包み込むようにして丸める。

小 少量の粘土は手のひらにのせ、指先で転がして丸める。

つぶす

プレス器を水平にして一定の力で押しあて、厚みが均一になるようにします。

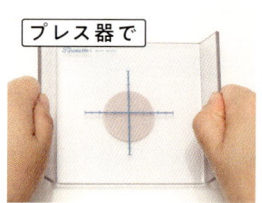
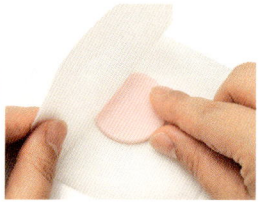
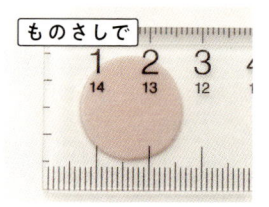

プレス器で 丸めた粘土にプレス器を上から押しあて、薄くのばす。

粘土がくっつく場合は、半分に折ったクッキングシートに粘土を挟んでからプレス器でのばす。

ものさしで 粘土が小さいときは、ものさしを押しあててのばしてもよい。

エッジを立てる

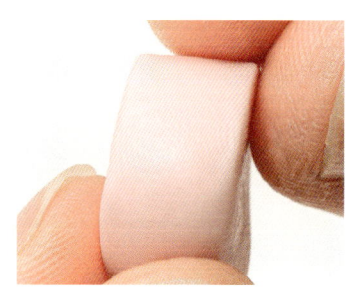

粘土の縁を指先でしっかり挟み、角を作る。

カットする

カッターの替え刃を使い、粘土を切ります。手を切らないように注意。

カッターの刃を両手で持ち、上から押しあてて切る。

切る前にカッターの両面にオイルを塗ると粘土がくっつきにくい。

棒状にする

プレス器や手で細長くのばします。太さが均一になるように練習しましょう。

プレス器で

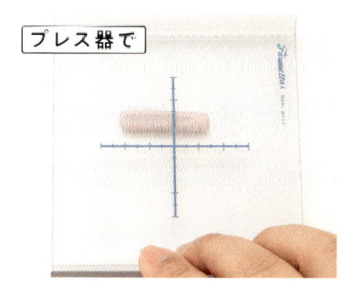

プレス器で転がし、棒状にのばす。
粘土がつぶれないようにプレス器はやさしく動かします。

手のひらで

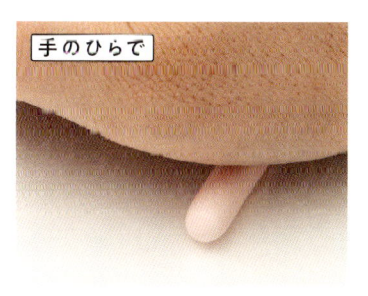

プレス器がない場合は、手のひらで転がし、棒状にのばす。
太さがあるときに指先を使うと表面が凸凹してしまうので注意。

指先で

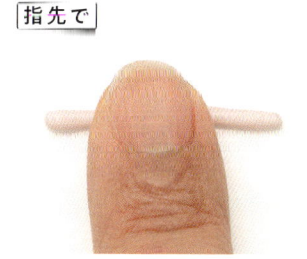

指先で転がして棒状にのばす。
粘土が小さいときは指先でOK。

粘土に質感をつける

歯ブラシや針など身近なアイテムを使います。
粘土が乾燥すると質感がつきにくいため、手早く作業しましょう。

歯ブラシで

歯ブラシの毛先をこすりつけ、たたくようにして押しあて、質感をつける。

粘土ヘラで

粘土ヘラ（**ステンレスモデラ**）で引っかいて表面に質感をつける。

針で

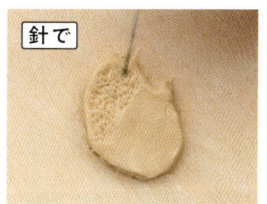

パンの断面の気泡を表現するときに。針でつついて細かく穴をあける。

ピンセットで

漬物 (p.112) などしわを寄せたいときに。ピンセットで粘土をつまむ。

〈べたつきが気になるときは〉

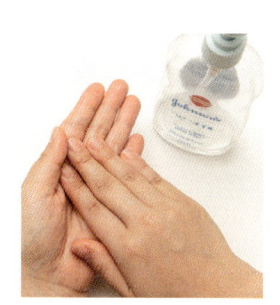

粘土の種類や着色時に混ぜた絵具の水分、手の汗などで粘土がべたつく場合は手にオイルを塗るとくっつきにくくなります。
手以外に、カッターや抜き型に塗ると粘土のくっつき防止になる。

〈粘土がかたくなったら〉

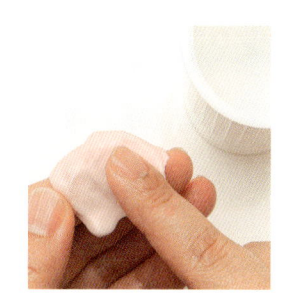

作業中に粘土が乾燥してかたくなってきたら、少量の水を混ぜると、柔らかくすることができます。ただし元の粘土とは異なるので、手早く成形しましょう。

粘土に色を塗る

筆で塗る方法と、メイクチップを使う方法があります。
作品や用途によって使い分けましょう。

筆で

凹凸がある作品なども細かいところまで塗りやすい。

① 筆を水で濡らして絵具をつけ、ティッシュで余分な水分や絵具を拭き取る。
絵具をつけるたびに筆の水気をティッシュで押さえます。

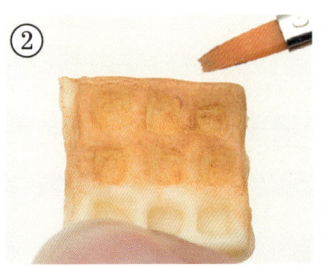

② 筆をたたくようにして全体に塗る。ところどころ色ムラを作り、濃淡をつけるとリアルに仕上がる。
2色以上重ね塗りをする場合は絵具を乾燥させてから次の色を塗ります。

メイクチップで

色がぼかせるので、自然な焼き色がつけられる。

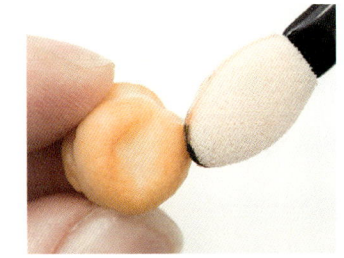

メイクチップに水分を含ませて絵具を少量つけ、ポンポンとたたきつける。
小さく切った化粧用スポンジでもOK。

UV-LEDレジンの基本の使い方

ソースや食器を作るときに使用。手につかないように
ビニール手袋をして作業するのがおすすめ。作業中は換気をしましょう。

UV-LEDレジンを小皿などに入れる。着色する場合はレジン用着色剤を少しずつ混ぜて好みの色に着色する。

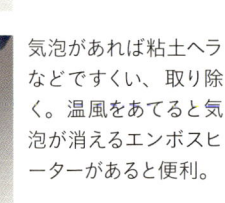

気泡があれば粘土ヘラなどですくい、取り除く。温風をあてると気泡が消えるエンボスヒーターがあると便利。

レジンは太陽光、LEDライトなどがあたるとかたまるので、光があたらないように作業中はアルミホイルをかぶせておくとよい。

エンボスヒーター

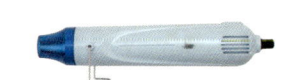

ハンディサイズのヒーター。ドライヤーより高温で弱風なので作業しやすい。

A	トランスペアレントバーントアンバー		J	カドミウムフリーレッドディープ
B	トランスペアレントバーントシェンナ		K	ローシェンナ
C	イエローオキサイド		L	リキテックスイエロー
D	ビビッドレッドオレンジ		M	キナクリドンブルーバイオレット
E	カドミウムフリーレッドミディアム		N	ウルトラマリンブルー
F	カドミウムフリーイエローディープ		O	ブライトシルバー
G	チタニウムホワイト		P	アイボリーブラック
H	パーマネントグリーンライト		Q	パールホワイト
I	パーマネントサップグリーン		R	パーマネントアリザリンクリムソンヒュー

〈 コルネの作り方 〉　ソースなどを細く絞り出すときに使います。

①

15cm角に切ったセロハンを丸め、先端を細くする。先端は隙間をあけずに、完全に閉じる。巻き終わりをセロハンテープで留める。

②

ソースなどを入れ、口を折りたたんでテープで留め、先端をはさみで細く切る。

〈 粘土の乾燥 について 〉

作り方で「乾燥させる」とあるときは自然乾燥させます。1日ほどで表面がかたまりますが、中まで完全に乾燥するまでは2〜5日ほどかかります。作品の大きさや粘土の種類、季節によって変わるので、様子を見ながら調整。

粘土はスポンジの上にのせて乾燥させる。通気性がいいので底までしっかり乾く。楊枝を刺した粘土の場合はスポンジにカッターで切り目を入れ、爪楊枝を挟んで立たせる。

〈 乾燥後の 色の変化 〉

粘土は乾燥すると少し色が濃くなるので、着色するときは目指す色よりも薄めに仕上げるとよいでしょう。

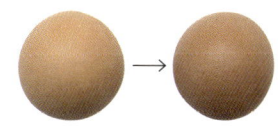

乾燥前　→　乾燥後

型を作っておくと、同じパーツを複数使いたいときに便利です。
原型は型の元になるので、時間をかけて丁寧に作りましょう。
型の基本的な作り方をバゲット (p.82) で解説します。

〰〰〰
材料
〰〰〰

造形用パテ（**エポキシ造形パテ〈速硬化タイプ〉**）
シリコーン型取り材（**ブルーミックス**）

⑤ 指でつまんで縁を立たせ、針でつついて細かく穴をあける。穴をところどころ針で広げて大きめの穴を作るとリアルに仕上がる。

①

エポキシ造形パテの白い主剤とベージュの硬化剤を1：1で取り分ける。
本書の主な作品は約1cm幅ずつ使用。使用量は作品の大きさに合わせて調整します。

②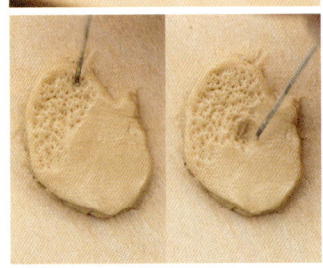

ねじりながら、ムラがなくなるまで混ぜ合わせる。

⑥

約1.2cm
約1.8cm

原型の完成。5〜6時間おいて硬化させる。
型の元になるので丁寧に質感を表現してください。

③

土台の上に平らに広げ、表面に歯ブラシをあてて形を整えながら質感をつける。
エポキシ造形パテは硬化するとくっつくので、木の破片などを土台にして作業しましょう。広げる大きさは適当でOK。

④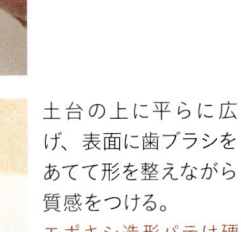

粘土ヘラ（**ステンレスモデラ**）でバゲットの形を描き、余分なパテを取り除く。

⑦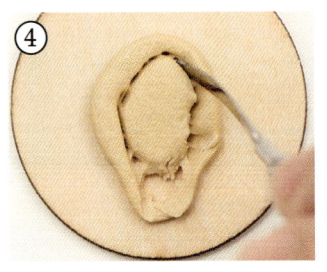

ブルーミックスの2材を1：1で取り、ムラがなくなるまで混ぜ合わせる。
写真は別の型取り材を使用。紫ではなく、実際の色はブルーです。

⑧ ⑦を⑥の原型に覆いかぶせ、隙間があかないように、しっかりと密着させる。
ブルーミックスは練り合わせはじめてから約1分45秒で硬化がはじまるので、手早く作業します。

⑨ 30分ほどおいて硬化させ、**ブルーミックス**をはがす。

型のできあがり。

⑩

複雑な形の場合

ワッフルなど凹凸がある複雑な形のものは、
下記のように2回に分けて**ブルーミックス**を覆いかぶせると、
きれいに型が取れます。

 a  b 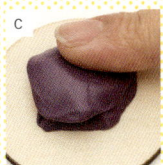 c  d

ブルーミックスを溝に押し込むようにしながら薄くのばす (a、b)。さらに**ブルーミックス**を上からかぶせ、隙間があかないように全体をなじませる (c、d)。

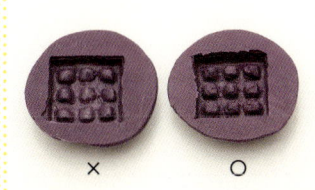

× 　 ○

しっかり溝に行き渡らないと、角が丸くなり、凹凸がはっきりつきません。

miniature
LESSON
1

かわいい洋食屋さんのごはん

recipe

ハンバーグ

小判形に成形した粘土に焼き色をつけてハンバーグに。
UV-LEDレジンでデミグラスソースを作り、にんじん、いんげん、ポテトを添えました。

→ 作り方 p.28

ハンバーグ、スパゲッティ、カレーライス、えびピラフなど、
昔ながらの洋食屋さんにあるようなメニューをイメージして作りました。
UV-LEDレジンで作るソースのツヤで、食欲をそそる仕上がりに。

recipe

ミックスフライ

えびフライ、クリームコロッケ、ヒレカツの3種を盛り合わせました。
粘土の成形を変えるだけなので、好きなフライを作ってみてください。

→ 作り方 p.30

ポークジンジャー

日本語で言えば、しょうが焼き。豚ロース肉をよく観察して形を作りましょう。
玉ねぎをソースにからめ、一体感を出すのがポイントです。

→ 作り方 p.31

ステーキ

赤ワインをイメージした赤みのあるソースを作り、ちょっと高級感を出しました。
付け合わせには、オニオンリング、アスパラガス、ミックスベジタブルを。

→ 作り方 p.32

スコッチエッグ

ボリューム感があり、見た目もかわいい、スコッチエッグ。
ゆで卵を作って肉で包み、外側に衣をつけていきます。

→ 作り方 p.34

ロールキャベツ

肉をキャベツで包んでベーコンで巻き、UV-LEDレジンのコンソメスープをかけます。
中まで見えなくても、本物と同じ手順で作ることでリアルな仕上がりに。

→ 作り方 p.35

ナポリタン　ミートソース　カルボナーラ

粘土を細長く絞り出せる道具を使えば、パスタを手軽に作ることができます。
合わせるソースや具材を変えて、王道の3種を。

→ 作り方 p.37〜40

カレーライス　ハヤシライス

カレーライスは野菜をゴロゴロ入れて福神漬けを添えました。
ハヤシライスはソースにちょっと赤みを入れ、ライスにはパセリを散らして。

→　作り方 p.41〜43

オムライス

洋食といえば、卵の上にケチャップがかかった昔ながらのオムライス。
ケチャップライスにも小さく切った具を入れることで、おいしそうに。

→ 作り方 p.43

クリームシチュー
ビーフシチュー

体がポカポカ温まりそうな2種のシチュー。UV-LEDレジンにシーナリーパウダーを加えると
独特なざらつきが出て、リアルな質感が表現できます。

→ 作り方 p.45〜46

えびピラフ

グリンピースやコーンを混ぜたシンプルなピラフは、素朴でかわいい。
ごはん粒を作るのは根気がいりますが、できあがったときの達成感はひとしお。

→ 作り方 p.47

ハンバーグ

… p.18

… p.18

材料

[ハンバーグ]
樹脂粘土（**グレイス**）
アクリル絵具（**リキテックス ソフトタイプ**）
　〈**A：トランスペアレントバーントアンバー**〉
　〈**B：トランスペアレントバーントシェンナ**〉

[いんげん、にんじん、ポテト]
樹脂粘土（**グレイス**）
カラー粘土（**グレイスカラー グリーン**）
アクリル絵具（**リキテックス ソフトタイプ**）
　〈**A：トランスペアレントバーントアンバー**〉
　〈**B：トランスペアレントバーントシェンナ**〉
　〈**C：イエローオキサイド**〉

[ソース]
ＵＶ-ＬＥＤレジン（**月の雫**）
レジン用着色剤（**宝石の雫**）
　〈**レッド**〉
　〈**オレンジ**〉
　〈**ブラウン**〉

[盛りつけ]
平皿 **d**（p.128）
接着剤（**デコプリンセス**）

《**できあがりサイズ**》 約1.5cm（ハンバーグ）

準備

p.11の要領で粘土を着色する。

[ハンバーグ]
アクリル絵具〈**A**〉で茶色に着色。

[いんげん]
粘土とカラー粘土を混ぜて（**グレイス**直径約1.3cm＋**グレイスカラー グリーン**直径約4mm）黄緑に着色。

[にんじん]
アクリル絵具〈**B**〉でオレンジに着色。

[ポテト]
アクリル絵具〈**C**〉で薄い黄色に着色。

作り方

① ハンバーグ

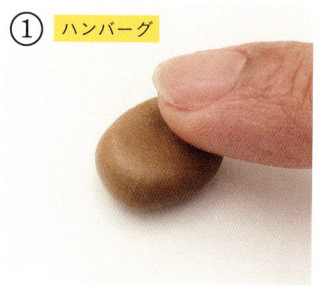

着色した粘土で直径約1.3cmの丸玉を作る。指で平らにつぶし、真ん中を少しへこませて小判形に整える。

②

表面を少し乾燥させ、粘土ヘラ（**ステンレスモデラ**）で引っかいて表面に質感をつける。乾燥させる。

③

表面にアクリル絵具〈**B**〉、〈**A**〉を塗り、焼き色をつける。
2色を筆に交互につけながらラフに塗るのがコツ。盛り上がっている部分を濃く塗り、濃淡をつけるとリアルに。

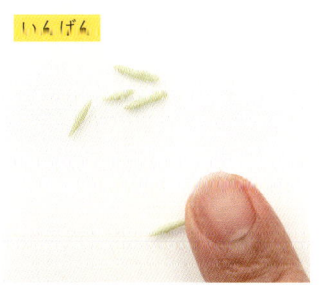

いんげん

着色した粘土で直径2〜3mmの丸玉を作る。細い棒状にのばし、乾燥させる。
先端を細くし、太さや長さをそろえず、アバウトにのばします。

ソース

UV-LEDレジンに着色剤を混ぜ、ソースを作る。
着色剤は様子を見ながら少しずつ加えてください。3色を混ぜながら好みの色に仕上げます。

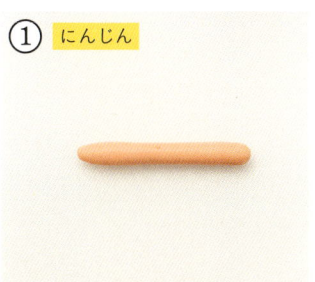

① にんじん

着色した粘土で直径約7mmの丸玉を作る。2.5cm長さの棒状にのばし、乾燥させる。

②

カッターで5〜6mm長さに切り、さらに縦4等分に切る。

① 盛りつけ

皿に接着剤をつけ、ハンバーグを貼りつける。

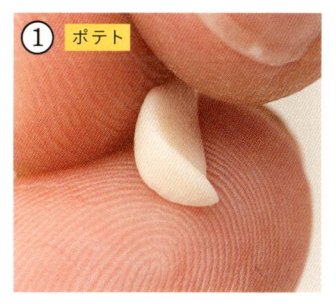

① ポテト

着色した粘土で直径約4mmの丸玉を作る。指でつまんで角を作り、両端を少し曲げてくし形に整える。乾燥させる。

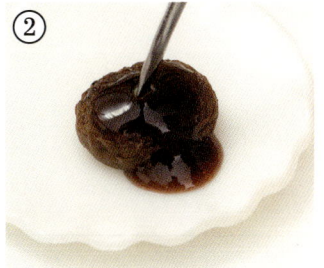

②

ソースを上からかけ、UV-LEDライトにあててかためる。

②

外側（皮になる部分）にアクリル絵具〈A〉、〈B〉を塗る。
2色を筆に交互につけながらラフに塗ります。

③

いんげん、にんじん、ポテトを接着剤で貼りつける。

ミックスフライ

… p.19

… p.19

材 料

フライ
樹脂粘土 (グレイス)
カラー粘土 (グレイスカラー きつね色)
アクリル絵具 (リキテックス ソフトタイプ)
　〈D：ビビッドレッドオレンジ〉
　〈E：カドミウムフリーレッドミディアム〉
木工用ボンド

ソース
UV-LEDレジン (月の雫)
レジン用着色剤 (宝石の雫)
　〈イエロー〉
　〈ホワイト〉

パーツ
レタス (p.103)、せん切りキャベツ (p.103)
トマト (p.102)、ブロッコリー (p.104)

盛りつけ
平皿 b (p.128)
接着剤 (デコプリンセス)

《できあがりサイズ》

約1.5cm (えびフライ)
約7mm (ヒレカツ)
約7mm (クリームコロッケ)

作り方

① ミックスフライ

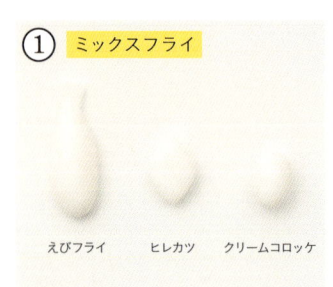

えびフライ　ヒレカツ　クリームコロッケ

直径約1cmの粘土でえびの形を作り、しっぽの部分は粘土ヘラ (ステンレスモデラ) で筋を入れる。ヒレカツは直径約7mmの粘土をひし形にし、クリームコロッケは直径約7mmの粘土を俵形にする。

②

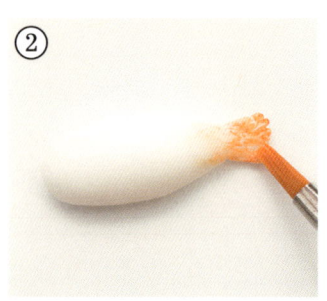

①を乾燥させたあと、えびフライはアクリル絵具〈D〉、〈E〉でしっぽを着色する。ベースはオレンジで、縁に赤を塗るとカリッとした質感が出せます。

③

カラー粘土 (グレイスカラー きつね色) を薄くのばし、粘土ヘラ (ステンレスモデラ) で引っかいて細かくほぐし、木工用ボンドを塗った①、②に貼りつける。乾燥させる。裏面は見えないので衣をつけなくてもOK。つける場合は表面が乾いてから同様につけます。

ソース、盛りつけ

皿に接着剤をつけ、レタス、せん切りキャベツ、トマト、ブロッコリー、フライを盛る。UV-LEDレジンに着色剤を少しずつ混ぜてタルタルソースを作り、コロッケにかけ、UV-LEDライトにあててかためる。

ポークジンジャー

… p.20　※添えたライスは p.42 参照。

… p.20　※添えたライスは p.42 参照。

材料

豚肉
樹脂粘土 (グレイス)
アクリル絵具 (リキテックス ソフトタイプ)
　〈A:トランスペアレントバーントアンバー〉
木工用ボンド

ソース
UV-LEDレジン (月の雫)
レジン用着色剤 (宝石の雫)
　〈オレンジ〉
　〈イエロー〉
　〈ブラウン〉

パーツ
玉ねぎ (p.98)、レタス (p.103)
トマト (p.102)、ブロッコリー (p.104)
ゆで卵 (p.34 スコッチエッグの作り方①、②参照)

盛りつけ
平皿 d (p.128)
接着剤 (デコプリンセス)

《できあがりサイズ》約2cm (豚肉)

準備

p.11の要領で粘土を着色する。

豚肉
アクリル絵具〈A〉で薄い茶色に着色。

作り方

① 豚肉

着色した粘土で直径約8mmの丸玉を作る。片側を細くして豚ロース肉の形を作り、粘土ヘラ (ステンレスモデラ) で脂身の筋を入れる。

②

粘土ヘラ (ステンレスモデラ) で表面を引っかいて少し荒らし、質感をつける。同様に3枚作り、乾燥させる。

③

②の肉に木工用ボンドを塗り、少しずらして貼り合わせる。

ソース

UV-LEDレジンに着色剤を混ぜ、ジンジャーソースを作る。
着色剤は様子を見ながら少しずつ加えてください。3色を混ぜながら好みの色に仕上げます。

盛りつけ

皿に接着剤をつけ、豚肉、レタス、トマト、ブロッコリー、ゆで卵を盛りつける。豚肉にソースをかけ、玉ねぎを散らす。玉ねぎにもソースをまぶしてから、UV-LEDライトにあててかためる。

ステーキ … p.21

… p.21

材料

牛肉
樹脂粘土（グレイス）
アクリル絵具（リキテックス ソフトタイプ）
　〈E：カドミウムフリーレッドミディアム〉
　〈A：トランスペアレントバーントアンバー〉
　〈B：トランスペアレントバーントシェンナ〉

オニオンリング、ミックスベジタブル
樹脂粘土（グレイス）
カラー粘土（グレイスカラー グリーン、きつね色）
アクリル絵具（リキテックス ソフトタイプ）
　〈C：イエローオキサイド〉
　〈B：トランスペアレントバーントシェンナ〉
　〈F：カドミウムフリーイエローディープ〉
木工用ボンド

ソース
UV-LEDレジン（月の雫）
レジン用着色剤（宝石の雫）
　〈レッド〉
　〈オレンジ〉
　〈ブラウン〉

パーツ
アスパラガス（p.96）

盛りつけ
平皿 b（p.128）
接着剤（デコプリンセス）

《できあがりサイズ》 約2.5cm（牛肉）

準備

p.11の要領で粘土を着色する。

牛肉
赤身：アクリル絵具〈E〉でピンクに着色。
脂身：アクリル絵具〈A〉で薄い茶色に着色。

オニオンリング
アクリル絵具〈C〉で薄い黄色に着色。

ミックスベジタブル
グリンピース：カラー粘土を混ぜて（グレイス直径5mm＋グレイスカラー グリーン直径5mm）黄緑に着色。
にんじん：アクリル絵具〈B〉でオレンジに着色。
コーン：アクリル絵具〈F〉で黄色に着色。

作り方

① **牛肉**

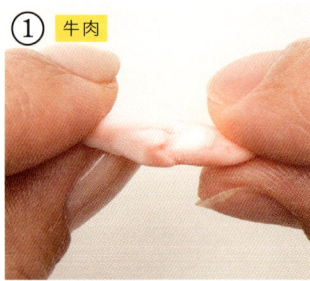

ピンクに着色した粘土で直径約7mmの丸玉を作る。直径約7mmの無着色の粘土と合わせ、のばしながらマーブル状に混ぜる。指で平らにのばして肉の形を作る。

② 薄い茶色に着色した粘土で直径約6mmの丸玉を作る。細長くのばし、①の上部に貼りつける。
肉の脂身を表現。茶色の粘土を引っ張りながら大きさを合わせると最後が細くなり、リアルに。

ミックスベジタブル

黄緑の粘土は直径2〜3mmにつつに丸める。すいんじと黄色の粘土は、それぞれ直径約7mmの丸玉を作り、2.5cm長さの棒状にのばし、乾燥させて細かく切る。

③ 粘土ヘラ（**ステンレスモデラ**）で茶色の粘土をなじませてステーキ肉の形に整え、表面を引っかいて荒らし、質感をつける。

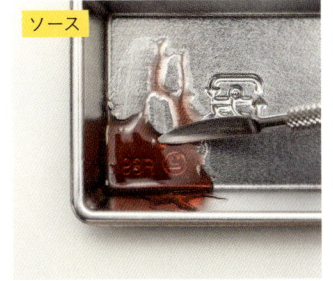

ソース

UV-LEDレジンに着色剤を混ぜ、ステーキソースを作る。
着色剤は様子を見ながら少しずつ加えてください。3色を混ぜながら好みの色に仕上げます。

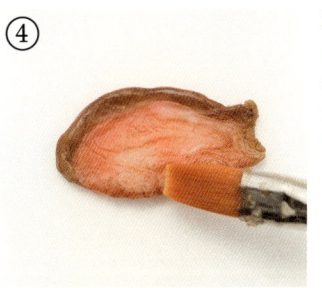

④ 乾燥させ、アクリル絵具〈A〉、〈B〉を縁に塗り、焼き色をつける。
2色を筆に交互につけながらラフに塗ります。

盛りつけ

皿に接着剤をつけて牛肉を貼り、ソースをかけ、UV-LEDライトにあててかためる。アスパラガス、オニオンリング、ミックスベジタブルを接着剤で貼りつける。

① **オニオンリング**

着色した粘土で直径約5mmの丸玉を作る。平らにつぶし、粘土ヘラの棒で中央に穴をあけて乾燥させる。

② 薄くのばしたカラー粘土（**グレイスカラー　きつね色**）を粘土ヘラ（**ステンレスモデラ**）で細かくほぐし(p.30の作り方③)、ボンドを塗ったリングに貼りつける。
粘土の地色も少し見せるとリアルに。

スコッチエッグ

… p.22

材料

スコッチエッグ
樹脂粘土（グレイス）
アクリル絵具（リキテックス ソフトタイプ）
〈F：カドミウムフリーイエローディープ〉
〈D：ビビッドレッドオレンジ〉
〈G：チタニウムホワイト〉
〈A：トランスペアレントバーントアンバー〉
カラー粘土（グレイスカラー きつね色）
木工用ボンド

パーツ
サニーレタス（p.103）、きゅうり（p.105）

盛りつけ
平皿b（p.128、134）、接着剤（デコプリンセス）

《できあがりサイズ》 約1.6cm（スコッチエッグ）

準備 p.11の要領で粘土を着色する。

黄身 アクリル絵具〈F〉、〈D〉で黄色に着色。
白身 アクリル絵具〈G〉で白に着色。
肉 アクリル絵具〈A〉で茶色に着色。

作り方

① スコッチエッグ

黄身用の粘土で直径約8mmの丸玉を作り、乾燥させる。白身用の粘土で直径約7mmの丸玉を作り、平らにのばし、黄身用の丸玉をのせる。

②

黄色の粘土が完全に隠れるようにしっかりと包み、乾燥させてカッターで半分に切る。

③

茶色に着色した粘土で直径1cmの丸玉を作り、薄くのばす。②の卵を裏返して木工用ボンドを塗り、粘土ヘラ（ステンレスモデラ）で茶色の粘土を引っかいて取り、白身を覆うように貼りつける。

④

表に返し、縁の部分を粘土ヘラ（ステンレスモデラ）で引っかいて荒らし、質感をつける。少し乾燥させる。同様にして2個作る。

⑤

カラー粘土（グレイスカラー きつね色）を薄くのばし、粘土ヘラ（ステンレスモデラ）で引っかいて細かくほぐす。まわりに貼りつけ、衣を作る。乾燥させる。くっつきにくければ木工用ボンドで貼りつけます。

盛りつけ

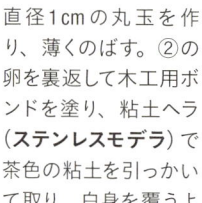

皿に接着剤をつけてスコッチエッグ、サニーレタス、きゅうりを盛りつける。

ロールキャベツ

… p.22

… p.22

材料

ロールキャベツ
樹脂粘土（グレイス）
アクリル絵具（リキテックス ソフトタイプ）
　〈A：トランスペアレントバーントアンバー〉
　〈B：トランスペアレントバーントシェンナ〉
　〈H：パーマネントグリーンライト〉
　〈C：イエローオキサイド〉
　〈E：カドミウムフリーレッドミディアム〉

コンソメスープ
ＵＶ－ＬＥＤレジン（月の雫）
レジン用着色剤（宝石の雫）
　〈オレンジ〉〈イエロー〉〈ブラウン〉

パーツ
黒こしょう（p.117）
パセリ（p.117）

盛りつけ
深皿 a（p.129、134）
接着剤（デコプリンセス）

《できあがりサイズ》
約1.3cm（ロールキャベツ）

準備

p.11 の要領で粘土を着色する。

ロールキャベツ本体
肉：アクリル絵具〈A〉で茶色に着色。
キャベツ：アクリル絵具〈H〉、〈C〉で黄緑に着色。

ベーコン
アクリル絵具〈E〉でピンクに着色。

① ベーコン
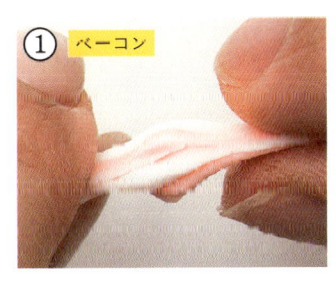
ピンクに着色した粘土で直径約7mmの丸玉を作る。直径約7mmの無着色の粘土と合わせ、のばしながらマーブル状に混ぜる。

②
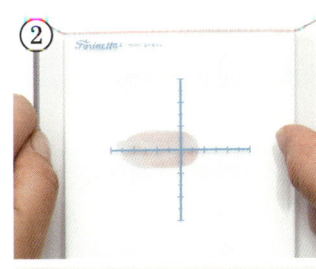
プレス器で薄くのばす。マーブル模様がきれいな部分を選び、カッターで余分なところを切り落として細長い長方形を作る。

③

表面に歯ブラシをあて、質感をつける。

④
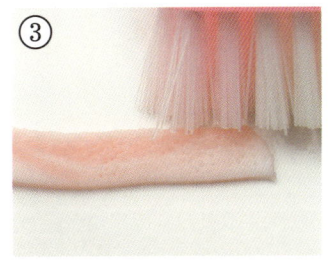
アクリル絵具〈A〉〈B〉で縁を塗り、焦げ目をつける。
2色を筆に交互につけながらラフに塗ります。

⑤
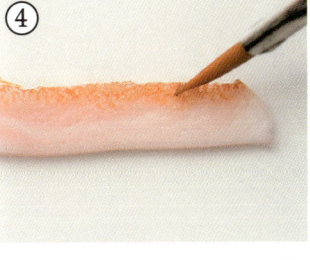
カッターで約2cm長さに切る。計2枚作る。

① ロールキャベツ本体

茶色に着色した粘土で直径約7mmの丸玉を作り、俵形にする。

② 黄緑に着色した粘土で直径約7mmの丸玉を作り、指で薄くのばす。

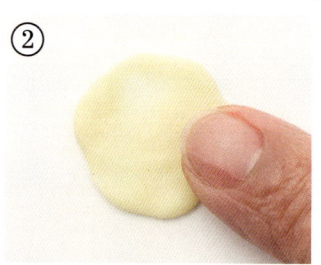

③ 粘土ヘラ（**ステンレスモデラ**）でしわを寄せるようにして縦に筋を入れる。
上部が少し大きくなるようにキャベツの形に整えます。

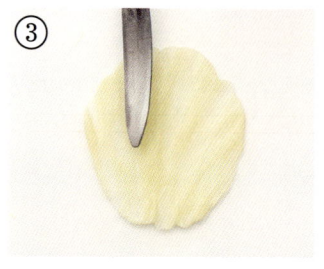

④ ①の肉を③のキャベツの上にのせ、手前からひと巻きして左右を折りたたみ、包み込む。同様にして2個作る。

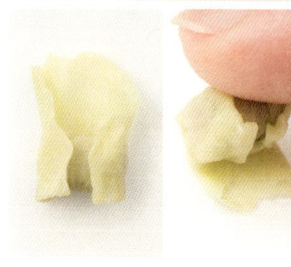

⑤ アクリル絵具〈H〉〈C〉を全体に塗り、色をつける。
2色を筆に交互につけながらラフに塗るのがコツ。盛り上がっている部分を濃くし、色ムラを作るのがポイント。

⑥ ⑤にベーコンを巻き、乾燥させる。

コンソメスープ

UV-LEDレジンに着色剤を混ぜ、コンソメスープを作る。
着色剤は様子を見ながら少しずつ加えてください。3色を混ぜながら好みの色に仕上げます。

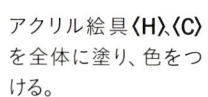

盛りつけ

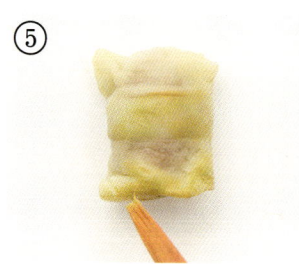

皿に接着剤をつけ、ロールキャベツを盛りつける。コンソメスープをかけ、黒こしょう、パセリを散らし、UV-LEDライトにあててかためる。

ナポリタン

… p.23

… p.23

材料

樹脂粘土（**グレイス**）
アクリル絵具（**リキテックス ソフトタイプ**）
　〈**C：イエローオキサイド**〉
　〈**D：ビビッドレッドオレンジ**〉
　〈**E：カドミウムフリーレッドミディアム**〉
ベビーパウダー
ニス（ツヤあり）

ウィンナー
樹脂粘土（**グレイス**）
アクリル絵具（**リキテックス ソフトタイプ**）
　〈**B：トランスペアレントバーントシェンナ**〉

ピーマン
樹脂粘土（**グレイス**）
シリコーン型取り材（**ブルーミックス**）
アクリル絵具（**リキテックス ソフトタイプ**）
　〈**C：イエローオキサイド**〉
　〈**I：パーマネントサップグリーン**〉

パーツ
玉ねぎ（p.98）

盛りつけ
深皿 **b**（p.129、134）

クレイガン 粘土エクストルーダー
（**サン工業**）

粘土を細長く絞り出せる道具。パスタやモンブラン（p.70）を作るときに便利。いろいろな太さや形のアタッチメントが付属されており、ここでは直径1mmのチップを使用。

準備　p.11の要領で粘土を着色する。

パスタ	アクリル絵具〈**C**〉で薄い黄色に着色。
ウィンナー	アクリル絵具〈**B**〉で薄い赤茶色に着色。
ピーマン	アクリル絵具〈**C**〉で薄い黄色に着色。

作り方

① パスタ（共通）

薄い黄色に着色した粘土で直径約2.5cmの丸玉を作る。10分くらいおいて乾燥させたら、クレイガンに詰めて絞り出す。

②

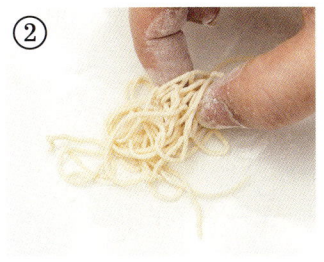

ベビーパウダーをまぶし、1本ずつくっつかないようにほぐす。

③

パスタの量を調整しながら皿にのせて形を整える。乾燥させる。

① ウィンナー

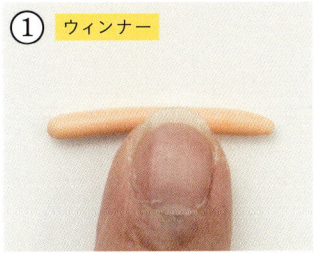

薄い赤茶色に着色した粘土で直径約1cmの丸玉を作る。指で転がして約2.5cm長さにのばし、乾燥させる。

②

表面にアクリル絵具〈**B**〉を塗る。絵具が乾いたら、カッターで薄く斜めに切る。

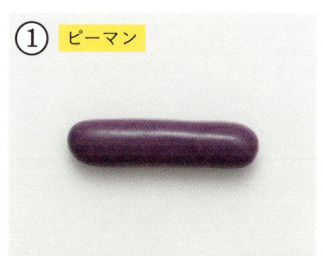

① ピーマン

p.16の⑦の要領で**ブルーミックス**の2材を直径1cmずつ取って混ぜ、約4.5cm長さの棒状にする。

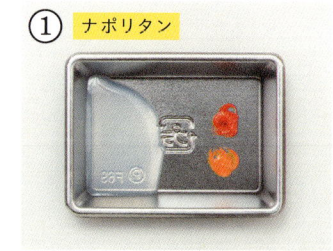

① ナポリタン

ニスにアクリル絵具〈D〉、〈E〉を混ぜ、ケチャップソースを作る。
絵具は様子を見ながら少しずつ加えてください。混ぜながら好みの色に仕上げます。

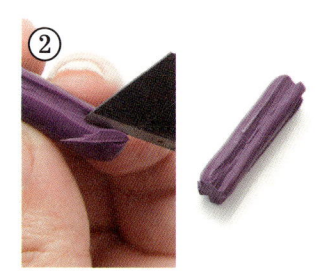

②

カッターで縦に4ヵ所を削り取って溝を作る。型の完成。

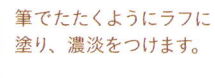

②

皿にのせたパスタに①のソースをランダムに塗る。
筆でたたくようにラフに塗り、濃淡をつけます。

③

薄い黄色に着色した粘土で直径約1.3cmの丸玉を作る。平らにつぶし、②の型に巻きつけて乾燥させる。

③

ピーマン、ウィンナー、玉ねぎを散らし、上から①のソースをランダムに塗る。

④

アクリル絵具〈I〉を表面に塗る。

⑤

絵具が乾いたら型からはずし、カッターで薄く切る。

ミートソース

… p.23

… p.23

材料

樹脂粘土（**グレイス**）
アクリル絵具（**リキテックス ソフトタイプ**）
　〈**C：イエローオキサイド**〉
ベビーパウダー
ニス（ツヤあり）

ソース
UV-LEDレジン（**月の雫**）
レジン用着色剤（**宝石の雫**）
　〈**レッド**〉
　〈**オレンジ**〉
　〈**イエロー**〉
　〈**ブラウン**〉
シーナリーパウダー

パーツ
牛肉（p.41 カレーライス参照）
パセリ（p.117）
粉チーズ（p.117）

盛りつけ
深皿 **b**（p.129、134）

**シーナリー
パウダー**

模型用のパウダー。UV-LEDレジンで
ソースなどを作るときに混ぜると、ざら
つきが出てリアルな質感になる。

作り方

①
牛肉のパーツを細かく
切る。

②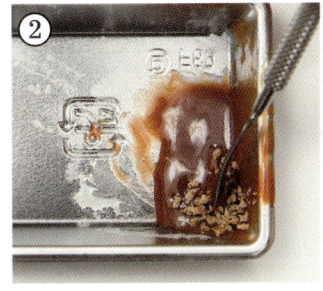
UV-LEDレジンに着
色剤とシーナリーパウ
ダー、①の肉を混ぜ、
ミートソースを作る。
4色の着色剤は様子を見
ながら少しずつ加え、好
みの色に仕上げます。シ
ーナリーパウダーで独特
なざらつきを表現。

③
p.37の①〜③の要領で
パスタを作って皿にの
せ、表面にニスを塗る。
ミートソースをのせない
部分にニスを塗り、少し
ツヤを出します。

④
パスタに②のソースを
のせ、パセリ、粉チーズ
をかけ、UV-LEDライ
トにあててかためる。

カルボナーラ … p.23

… p.23

材料

樹脂粘土（**グレイス**）
アクリル絵具（**リキテックス ソフトタイプ**）
　〈**C：イエローオキサイド**〉
　〈**F：カドミウムフリーイエローディープ**〉
　〈**D：ビビッドレッドオレンジ**〉
ベビーパウダー

ソース
ＵＶ-ＬＥＤレジン（**月の雫**）
レジン用着色剤（**宝石の雫**）
　〈**イエロー**〉〈**ホワイト**〉

パーツ
ベーコン（p.35 ロールキャベツ参照）
黒こしょう（p.117）

盛りつけ
深皿 **b**（p.129、134）

準備　p.11 の要領で粘土をアクリル絵具〈**F**〉、〈**D**〉で黄色に着色。

作り方

①

ＵＶ-ＬＥＤレジンに着色剤を混ぜ、カルボナーラソースを作る。
着色剤は様子を見ながら少しずつ加えてください。2色を混ぜながら好みの色に仕上げます。

②

p.37 の①〜③の要領でパスタを作って皿にのせ、①のソースを薄くかける。

③

爪楊枝などでパスタを広げてソースが行き渡るようにあえ、形を整える。ＵＶ-ＬＥＤライトにあててかためる。
硬化不良の原因となるので、パスタ裏側などライトがあたらない部分にはソースを広げないように。

④

小さく切ったベーコンを少しのせ、ソースを薄くかけてあえ、ＵＶ-ＬＥＤライトにあててかためる。これを3〜5回くり返す。黒こしょうをかける。

⑤

黄色に着色した粘土で直径約5mmの丸玉を作り、少しつぶして中央にのせる。

⑥

⑤の卵黄にＵＶ-ＬＥＤレジンをかけ、ＵＶ-ＬＥＤライトにあててかためる。

カレーライス … p.24

… p.24

材料

樹脂粘土（**グレイス**）
アクリル絵具（**リキテックス ソフトタイプ**）
　〈**C：イエローオキサイド**〉
　〈**A：トランスペアレントバーントアンバー**〉
　〈**J：カドミウムフリーレッドディープ**〉
　〈**E：カドミウムフリーレッドミディアム**〉
木工用ボンド

[カレールー]
UV-LEDレジン（**月の雫**）
レジン用着色剤（**宝石の雫**）
　〈**レッド**〉
　〈**オレンジ**〉
　〈**ブルー**〉
　〈**ブラウン**〉
シーナリーパウダー

[パーツ]
にんじん（p.95）

[盛りつけ]
深皿 a（p.129）
接着剤（**デコプリンセス**）

準備

p.11の要領で粘土を着色する。

[じゃがいも] アクリル絵具〈**C**〉で薄い黄色に着色。
[牛肉] アクリル絵具〈**A**〉で茶色に着色。
[福神漬け] アクリル絵具〈**J**〉、〈**E**〉で赤に着色。

作り方

じゃがいも
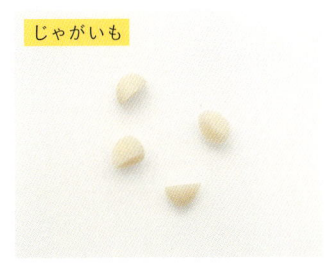

着色した粘土で直径約7mmの丸玉を作る。乾燥させ、カッターで4等分に切る。

牛肉

着色した粘土を適当な大きさに丸め、平らにつぶす。少し乾燥させ、粘土ヘラ（**ステンレスモデラ**）やカッターでちぎるように小さく切る。完全に乾燥させず、半生くらいの状態でラフにちぎるのがポイント。

福神漬け

着色した粘土を適当な大きさに丸め、薄くのばす。少し乾燥させ、粘土ヘラ（**ステンレスモデラ**）やカッターでちぎるように小さく切る。

カレールー

UV-LEDレジンに着色剤とシーナリーパウダーを混ぜる。4色の着色剤は様子を見ながら少しずつ加え、混ぜながら好みの色に仕上げたら、シーナリーパウダーを加え、ルーのざらつきを表現します。

ライスの作り方

材料
樹脂粘土（**グレイス**）

無着色の粘土を指先で丸め、直径2mmくらいの丸玉をたくさん作る。

---

① **カレーライス**

適当な大きさの無着色の粘土を皿にのせてドーム状に整え、ライスの土台を作る。

②

上記の要領でライスを作り、土台の上に貼りつける。
乾燥してくっつきにくければ、木工用ボンドを土台に塗って貼ります。

③

木工用ボンドを筆でたたくように表面のところどころに塗る。
米のところどころにツヤやべたつきを出し、リアルな質感を表現します。

④

皿のルーをかけるところに無着色の粘土をのせ、土台を作る。乾燥させる。

⑤

④の土台の上にルーをかけ、UV-LEDライトにあててかためる。
一度に流し込むと硬化不良の原因となるので、厚みを見ながら3〜5回に分けて少しずつ入れ、そのつどかためます。

⑥

再びルーをかけ、小さく切ったにんじん、じゃがいも、牛肉をルーにからめながら散らす。

⑦

上からルーをかけて具の間を埋め、UV-LEDライトにあててかためる。

⑧

接着剤で福神漬けを貼りつける。

ハヤシライス … p.24

… p.24

〜〜〜
材料

樹脂粘土（グレイス）
アクリル絵具（リキテックス ソフトタイプ）
　〈A：トランスペアレントバーントアンバー〉
木工用ボンド

ソース
UV‐LEDレジン（月の雫）
レジン用着色剤（宝石の雫）
　〈レッド〉〈オレンジ〉〈ブラウン〉
シーナリーパウダー

パーツ
玉ねぎ（p.98）、パセリ（p.117）

盛りつけ
深皿 a（p.129）
接着剤（デコプリンセス）

〜〜〜
準備　薄切り肉

p.11の要領で粘土をアクリル絵具〈A〉で茶色に着色。

〜〜〜
作り方　薄切り肉

着色した粘土で直径約5mmの丸玉を作る。4等分にし、指でアバウトに薄くのばす。

UV‐LEDレジンに着色剤とシーナリーパウダーを混ぜる。

3色の着色剤は様子を見ながら少しずつ混ぜ、好みの色に仕上げたら、シーナリーパウダーを加え、ソースのざらつきを表現。

カレーの作り方①〜⑦と同様に作る。⑥で薄切り肉と玉ねぎを散らし、パセリをかける。

パセリはライスにボンドを塗って接着。ソースにかける場合は薄くソースを塗ってパセリをかけ、UV‐LEDライトでかためる。

オムライス … p.25

… p.25

〜〜〜
材料

樹脂粘土（グレイス）
アクリル絵具（リキテックス ソフトタイプ）
　〈E：カドミウムフリーレッドミディアム〉
　〈D：ビビッドレッドオレンジ〉
　〈F：カドミウムフリーイエローディープ〉
木工用ボンド

ケチャップ
UV‐LEDレジン（月の雫）
レジン用着色剤（宝石の雫）
　〈レッド〉〈オレンジ〉〈イエロー〉〈ブラウン〉
シーナリーパウダー

パーツ
牛肉（p.41 カレーライス参照）
グリンピース（p.33 ミックスベジタブル参照）
オニオンリング（p.33 ステーキ参照）
にんじん（p.95）、ブロッコリー（p.104）

盛りつけ
平皿 a（p.128、135）、ミニボウル（p.129）
接着剤（デコプリンセス）

①

無着色の粘土で直径約2cmの丸玉を作り、おおまかにオムライスの形を作る。

②

表面にアクリル絵具〈E〉、〈D〉を塗り、ラフに着色する。
粘土の白い地色が見えていてもOK。

③

p.11の要領で粘土をアクリル絵具〈F〉で黄色に着色し、直径約1.2cmの丸玉を作る。薄く広げ、歯ブラシで全体に質感をつける。

④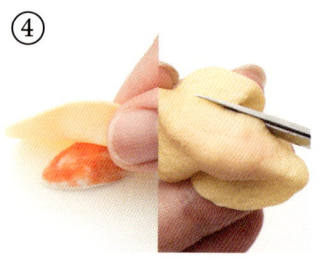

②の粘土の上に③をかぶせて包み、余分な粘土ははさみで切り落とす。

⑤

形を整え、表面に歯ブラシをあてて質感をつける。

⑥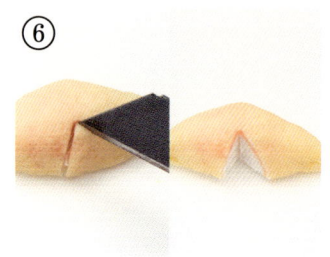

真ん中にカッターで斜めに2ヵ所切り込みを入れ、中の粘土を取り除く。

⑦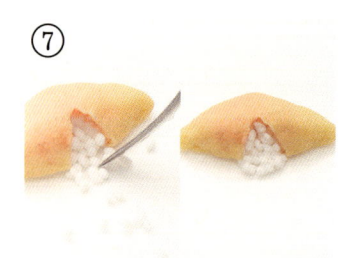

p.42の要領でライスを作り、カットしたところに貼りつける。
ごはん粒が中からこぼれてくるイメージで少し外にはみ出させます。乾燥してくっつきにくければ、木工用ボンドで貼ります。

⑧

ライスに小さく切ったグリンピースと牛肉を散らす。乾燥させる。

⑨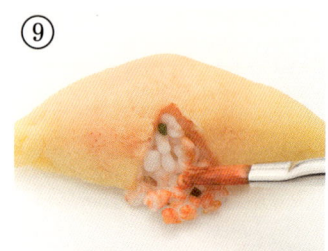

木工用ボンドにアクリル絵具〈E〉、〈D〉を混ぜ、⑧のライスを着色する。
2色を筆に交互につけながらラフに塗るのがコツ。粘土の色も少し残して色ムラを作ります。

⑩

UV-LEDレジンに着色剤とシーナリーパウダーを混ぜ、トマトケチャップを作る。
4色の着色剤は少しずつ混ぜ、好みの色に仕上げたら、シーナリーパウダーを加えます。

⑪

セロハンでコルネ (p.15)を作って⑩のケチャップを入れ、オムライスの上に絞り出す。UV-LEDライトにあててかためる。

⑫

皿に接着剤をつけてオムライスを貼りつけ、ミニボウルに入れたオニオンリング、にんじん、ブロッコリーを添える。

クリームシチュー

… p.26

… p.26

材料

樹脂粘土（**グレイス**）
アクリル絵具（**リキテックス ソフトタイプ**）
　〈**A：トランスペアレントバーントアンバー**〉
UV‐LEDレジン（**月の雫**）
レジン用着色剤（**宝石の雫**）
　〈**イエロー**〉
　〈**ホワイト**〉
シーナリーパウダー

パーツ
にんじん（p.95）
じゃがいも（p.41 カレーライス参照）
アスパラガス（p.96）

盛りつけ
グラタン皿（p.129、135）

準備

鶏肉
p.11の要領で粘土をアクリル絵具〈A〉で
薄い茶色に着色。

作り方

鶏肉

着色した粘土を適当に
丸め、平らにつぶす。
少し乾燥させ、粘土ヘ
ラ（**ステンレスモデラ**）
やカッターでちぎるよ
うにして小さく切る。
完全に乾燥させず、半生
くらいの状態でラフにち
ぎるのがポイント。

① クリームシチュー

無着色の粘土で直径
約1.5cmの丸玉を作り、
皿の中に詰め、乾燥さ
せる。

②

UV‐LEDレジンに着
色剤とシーナリーパウ
ダーを混ぜ、ホワイト
ソースを作る。
2色の着色剤は様子を見
ながら少しずつ混ぜ、好
みの色に仕上げたら、シ
ーナリーパウダーで独特
なざらつきを表現。

③

①の皿の中に②のソー
スを入れ、UV‐LEDラ
イトにあててかためる。
一度に流し込むと硬化不
良の原因になるので、3
〜5回に分けて入れます。

④ 再びソースを入れ、小さく切ったにんじん、鶏肉、じゃがいもをソースにからめながらのせる。UV-LEDライトにあててかためる。

⑤ 最後にソースを入れてアスパラガスをのせ、UV-LEDライトにあててかためる。

ビーフシチュー

… p.26

材料

樹脂粘土（グレイス）
UV-LEDレジン（月の雫）
レジン用着色剤（宝石の雫）
　〈レッド〉
　〈オレンジ〉
　〈イエロー〉
　〈ブラウン〉
シーナリーパウダー

パーツ
にんじん（p.95）
じゃがいも（p.41カレーライス参照）
牛肉（p.41カレーライス参照）
ブロッコリー（p.104）

盛りつけ
グラタン皿（p.129、135）

作り方

ソース

UV-LEDレジンに着色剤とシーナリーパウダーを混ぜ、ビーフシチューソースを作る。
4色の着色剤は様子を見ながら少しずつ加えて混ぜ、好みの色に仕上げたら、シーナリーパウダーで独特なざらつきを表現。

クリームシチューの作り方①〜⑤と同様に作る。④でにんじん、じゃがいも、牛肉を入れ、⑤でブロッコリーをのせる。

えびピラフ

… p.27

… p.27

材料

樹脂粘土（グレイス）
アクリル絵具（リキテックス ソフトタイプ）
　〈D：ビビッドレッドオレンジ〉
　〈E：カドミウムフリーレッドミディアム〉
　〈C：イエローオキサイド〉
木工用ボンド

パーツ
にんじん（p.33 ミックスベジタブル参照）
グリンピース（p.33 ミックスベジタブル参照）
コーン（p.33 ミックスベジタブル参照）

盛りつけ
深皿 a（p.129）

サラダの作り方

パーツ
アスパラガス（p.96）、レタス、サニーレタス、
せん切りキャベツ（すべて p.103）、トマト（p.102）、
ブロッコリー（p.104）、きゅうり（p.105）、ゆで卵
の輪切り（p.107）

p.130 デザートボウルの型を使用。上記の
パーツに接着剤（デコプリンセス）をつけ、
皿に盛りつける。

作り方

① えび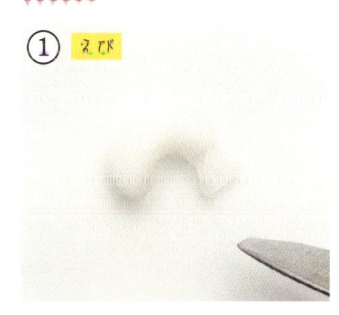

無着色の粘土で直径約3mmの丸玉を作り、カーブを作ってゆでえびの形に整える。しっぽの部分は平らにして粘土ヘラ（ステンレスモデラ）で筋を入れ、乾燥させる。

②

アクリル絵具〈D〉、〈E〉で胴体としっぽを着色する。同様にくり返して3個作る。2色を筆に交互につけながらラフに塗るのがコツ。

① ピラフ

p.11 の要領で粘土をアクリル絵具〈C〉で薄い黄色に着色し、直径約2.5cmの丸玉を作る。真ん中が高く、両端が低くなるように整え、土台を作る。

②

①と同様に着色した粘土を p.42 のライスの作り方の要領で小さく丸め、①の土台に貼りつける。ところどころにグリンピース、コーン、にんじんを入れる。乾燥させる。くっつきにくければ、木工用ボンドで貼ります。

③

木工用ボンドを筆でたたくように表面のところどころに塗り、えびをのせる。米のところどころにツヤやべたつきを出し、リアルな質感を表現します。

おしゃれなカフェ風ワンプレート

色とりどりの料理を盛りつけたミニチュア版ワンプレート。
パンとサラダで洋風に、おにぎりと焼き魚で和風に……。
パーツの組み合わせを変えれば、オリジナルの一皿が完成！
バリエーションは無限に広がります。

食パンプレート

こんがり焼けたトーストに、サラダやスープ、半熟ゆで卵。
憧れの朝ごはんをイメージした、さわやかな一皿です。

〈左上から順に〉 食パン (p.80)、にんじん (p.95)、焼き玉ねぎ (p.90)、アスパラガス (p.96)、ゆで卵 (p.106)、
ベビーリーフ (p.99)、トマト (p.102)、ラディッシュ (p.99)、スライスチーズ (p.115)、ハム (p.115)

イングリッシュマフィンプレート

芽キャベツやクレソンのサラダ、チーズとスープで洋風に仕上げました。
イングリッシュマフィンにのせた赤いいちごジャムがアクセント。

PARTS

〈上から順に〉 イングリッシュマフィン (p.81)、じゃがいものポタージュ (p.118)、黒こしょう (p.117)、
芽キャベツ (p.97)、カマンベールチーズ (p.115)、クレソン (p.100)、りんご (p.120)

パンケーキプレート

こんなおしゃれな朝ごはんや
ランチはいかが？　パンケーキに
バナナとブルーベリーソースをのせて
ゴージャスに。

PARTS

〈上から順に〉　かぼちゃのポタージュ（p.118）、焼きかぼちゃ（p.90）、
パンケーキ（p.82）、バナナ（p.121）、ベビーリーフ（p.99）、トマト（p.102）、
ゆで卵（p.106）、サーモン（p.107）、かいわれ大根（p.101）、キウイ（p.122）

バゲットプレート

バゲットにはシックな色のプレートを合わせると大人っぽくなります。
にんじんラペやトマトサラダなど野菜たっぷりの一皿です。

PARTS

〈左上から順に〉　バゲット (p.82)、アスパラガス (p.96)、ゆで卵 (p.106)、焼きじゃがいも (p.88)、トマト (p.102)、
黒ごま (p.117)、紫玉ねぎ (p.98)、にんじん (p.95)、玉ねぎ (p.98)

カンパーニュプレート

ローストビーフは折りたたんで並べ、立体感を出しました。
スティック野菜にディップと、おつまみにぴったりのプレートです。

PARTS

〈左上から順に〉 カンパーニュ (p.83)、ローストビーフ (p.113)、サニーレタス (p.103)、ベビーリーフ (p.99)、アスパラガス (p.96)、
赤大根 (p.99)、スティックきゅうり (p.105)、にんじん (p.95)、アンチョビディップ (p.119)

ワッフルプレート

ワッフルを食事系の組み合わせで
盛りつけてみました。
フルーツやジャムと合わせ、
デザートプレートにしても。

PARTS

〈左上から順に〉　クルトン（p.117）、
コーンスープ（p.118）、パストラミビーフ（p.114）、
焼きズッキーニ（p.89）、焼きなす（p.89）、
サラミ（p.116）、ワッフル（p.84）

recipe

シリアルプレート

シリアルをメインにした2種のプレートです。
サラダや焼き野菜、チーズや卵を合わせ、木のスプーンも添えて。

PARTS

〈上：左から順に〉 シリアル (p.85)、いちご (p.121)、バナナ (p.121)、
ブルーベリー (p.123)、ドライクランベリー (p.124)、りんご (p.120)、
キウイ (p.122)、焼き玉ねぎ (p.90)、焼きかぼちゃ (p.90)、
アスパラガス (p.96)、焼きズッキーニ (p.89)、焼きなす (p.89)、
サーモン (p.107)、紫玉ねぎ (p.98)、煮卵 (p.106)

〈下：左から順に〉 シリアル (p.85)、バナナ (p.121)、
ドライクランベリー (p.124)、ブルーベリー (p.123)、
カマンベールチーズ (p.115)、ゆで卵 (p.106)、クレソン (p.100)、
トマト (p.102)、ラディッシュ (p.99)、ハム (p.115)、
スライスチーズ (p.115)、かいわれ大根 (p.101)

ハンバーグプレート

スキレット型の計量スプーン（p.139）を利用して盛りつけました。
ハンバーグとライス、野菜やきのこを合わせ、ボリュームたっぷりと。

PARTS 〈上から順に〉 ハンバーグ（p.28）、ライス（p.87）、ゆで卵（p.106）、アスパラガス（p.96）、焼きズッキーニ（p.89）、
焼きなす（p.89）、焼きじゃがいも（p.88）、マッシュルーム（p.94）、トマト（p.102）、にんじん（p.95）

ハッシュドビーフプレート

ハッシュドビーフに合わせ、バターライスを作りました。
木のプレートに盛りつけると、温かい雰囲気になります。

焼きさけプレート

さけをメインに盛りつけた和風プレートです。
ころんとした丸いおにぎりで、かわいさをプラス。

PARTS

〈左上から順に〉　さけ (p.108)、おにぎり (p.86)、大根の煮物 (p.91)、ひじきの煮物 (p.110)、にんじん (p.95)、絹さや (p.93)、
れんこん (p.92)、がんも (p.111)、しいたけ (p.93)、青じそ (p.101)、きゅうりの漬物 (p.112)、柴漬け (p.112)

焼きさばプレート

さばと、梅干しおにぎりは、抜群の存在感！
煮物や漬物、煮卵を盛りつけ、大根おろしを添えました。

おにぎりプレート

ミニチュアのおにぎりは、とてもキュート！
煮物や漬物をちょっとずつ盛りつけ、
にぎやかな一皿に。

ワンプレートの盛りつけ

好きなパーツと食器を用意したら、自由に盛りつけてみましょう。
基本の盛りつけ方とポイントを紹介します。

基本の盛りつけ

① 盛りつけるパーツと皿を用意する。

② 皿にのせながら、配置を決める。大きいものから決めるとよい。

③ 配置が決まったところ。

④ 各パーツの裏にボンドを塗り、それぞれ皿に貼りつける。
配置を決めたら動かさずに1つずつパーツをはずし、ボンドを塗って元の位置に戻します。

Point
野菜をUV-LEDレジンであえる

野菜パーツはUV-LEDレジンであえ、
事前にひとまとめにしておくと、
盛りつけがまとまりやすくなります。

① 好きな野菜パーツを用意する。
小さく切ったクリアファイルの上で作業します。

② UV-LEDレジン（月の雫）をパーツにつけて全体をあえ、粘土ヘラ（ステンレスモデラ）で形を整える。

③ UV-LEDライトにあててかため、はがす。
バリ（はみ出た部分）があれば取り、きれいに形を整えます。

Point
パーツに動きを出す

野菜のしんなりした感じを表現したいときは、
パーツをしめらせると、動きが出て
リアルに仕上がります。

パーツをウェットティッシュにのせて軽く挟み、柔らかくしてカールをつける。

ラディッシュ (p.99)
ハム (p.115)
アスパラガス (p.96)
焼き玉ねぎ (p.90)
スライスチーズ (p.115)
にんじん (p.95)
コンソメスープ (p.118)
ベビーリーフ (p.99)
ゆで卵 (p.106)
食パン (p.80)
トマト (p.102)

芽キャベツ (p.97)
カマンベールチーズ (p.115)
クレソン (p.100)
じゃがいものポタージュ (p.118)
りんご (p.120)
黒こしょう (p.117)
溶かしチーズ (p.119)
メープルシロップ (p.119)
イングリッシュマフィン (p.81)
いちごジャム (p.78)

食パンプレート (p.49)

- p.130 平皿、カップの型を使用。
- ハム、ラディッシュ、スライスチーズと、ベビーリーフ、ラディッシュ、トマトをそれぞれUV-LEDレジンであえ、UV-LEDライトにあててかためる (p.61)。
- にんじん、焼き玉ねぎ、アスパラガスをカップに入れ、コンソメスープを注ぎ、UV-LEDライトにあててかためる。

イングリッシュマフィンプレート (p.50)

- p.130 平皿、カップの型を使用。
- イングリッシュマフィンの上に溶かしチーズ、いちごジャムをのせ、メープルシロップをかけてUV-LEDライトにあててかためる。
- じゃがいものポタージュを3回に分けてカップに注ぎ、最後に黒こしょうをのせ、UV-LEDライトにあててかためる。
- クレソン、りんごをUV-LEDレジンであえ、UV-LEDライトにあててかためる (p.61)。

サーモン (p.107)
キウイ (p.122)
焼きかぼちゃ (p.90)
かいわれ大根 (p.101)
市販品 (ミディアムグラス)
ベビーリーフ (p.99)
かぼちゃのポタージュ (p.118)
トマト (p.102)
ブルーベリージャム (p.78)
ゆで卵 (p.106)
バナナ (p.121)
パンケーキ (p.82)

焼きじゃがいも (p.88)
玉ねぎ (p.98)
アスパラガス (p.96)
トマト (p.102)
ゆで卵 (p.106)
紫玉ねぎ (p.98)
黒ごま (p.117)
にんじん (p.95)
市販品 (ミディアムグラス)
バゲット (p.82)

パンケーキプレート (p.51)

- p.130 平皿、カップの型を使用し、平皿はクリーム色に着色 (p.134)。
- パンケーキを盛りつけてバナナをのせ、ブルーベリージャムをかけ、ベビーパウダーをふり、UV-LEDライトにあててかためる。
- かぼちゃのポタージュを3回に分けてカップに注ぎ、最後に焼きかぼちゃとミディアムグラス (下記) をのせ、UV-LEDライトにあててかためる。
- サーモンはくるくる巻いて盛りつけ、かいわれ大根をのせる。
- ベビーリーフ、トマト、ゆで卵をUV-LEDレジンであえ、UV-LEDライトにあててかためる (p.61)。

バゲットプレート (p.52)

- p.130 平皿の型を使用し、グレーのマーブルに着色 (p.134)。
- にんじんと紫玉ねぎをUV-LEDレジンであえ (パーツをウェットティッシュで少ししめらせて動きを出す)、UV-LEDライトにあててかためる (p.61)。
- トマトと玉ねぎ、焼きじゃがいもとミディアムグラス (下記) をそれぞれUV-LEDレジンであえ、UV-LEDライトにあててかためる (p.61)。

ミディアムグラス (モーリン)
ジオラマ模型などで使われる素材。本書では MG-14 (ライトグリーン) をディルに見立てて使用。

にんじん (p.95)
アスパラガス (p.96)
アンチョビディップ (p.119)
サニーレタス (p.103)
赤大根 (p.99)
ベビーリーフ (p.99)
スティック状きゅうり (p.105)
ローストビーフソース (p.119)
ローストビーフ (p.113)
カンパーニュ (p.83)

カンパーニュプレート (p.53)

●市販のカッティングボード (p.139)、p.130ココットの型、グラスの型を使用。
●ローストビーフを盛りつけ、ローストビーフソースをかけてUV-LEDライトにあててかためる。
●グラスにベビーリーフ、サニーレタスを立てて入れ、アスパラガス、スティック状に切った赤大根とにんじん、きゅうりを入れる。

パストラミビーフ (p.114)
ダルパ (p.117)
コーンスープ (p.118)
ワッフル (p.84)
サラミ (p.116)
メープルシロップ (p.119)
焼きズッキーニ (p.89)
焼きなす (p.89)

ワッフルプレート (p.54)

●市販のカッティングボード (p.139)、p.130カップの型を使用。
●ワッフルを盛りつけ、メープルシロップをかけ、UV-LEDライトにあててかためる。
●カップにコーンスープを3回に分けて注ぎ、最後にクルトンをのせ、UV-LEDライトにあててかためる。

焼きかぼちゃ (p.90)
焼き玉ねぎ (p.90)
アスパラガス (p.96)
キウイ (p.122)
焼きなす (p.89)
サーモン (p.107)
焼きズッキーニ (p.89)
紫玉ねぎ (p.98)
市販品 (ミディアムグラス)
ブルーベリー (p.123)
煮卵 (p.106)
ヨーグルト (p.85)
いちご (p.121)
バナナ (p.121)
りんご (p.120)
ドライクランベリー (p.124)
シリアル (p.85)

スライスチーズ (p.115)
ゆで卵 (p.106)
かいわれ大根 (p.101)
クレソン (p.100)
トマト (p.102)
ハム (p.115)
ラディッシュ (p.99)
カマンベールチーズ (p.115)
ブルーベリー (p.123)
ヨーグルト (p.85)
ドライクランベリー (p.124)
バナナ (p.121)
シリアル (p.85)

シリアルプレート (p.55)

●p.130平皿、カップの型を使用し、平皿は黒に着色 (p.135)。
●カップにヨーグルトを入れてシリアル、りんご、いちご、ブルーベリー、バナナ、ドライクランベリーを盛りつける。
●サーモンと紫玉ねぎ、ミディアムグラス (p.62)をUV-LEDレジンであえ、UV-LEDライトにあててかためる (p.61)。

●p.130平皿、デザートボウルの型を使用し、平皿は黒に着色 (p.135)。
●ボウルにヨーグルトを入れてシリアル、バナナ、ドライクランベリー、ブルーベリーを盛りつける。
●クレソン、ゆで卵、トマト、ラディッシュをUV-LEDレジンであえ、UV-LEDライトにあててかためる (p.61)。

好みのペーパーを切ってカップやボウルの下に敷くとアクセントになります。写真は100円均一ショップで購入したお弁当用の仕切り。

アスパラガス（p.96）
焼きじゃがいも（p.88）
焼きズッキーニ（p.89）
マッシュルーム（p.94）
にんじん（p.95）
市販品（ミディアムグラス）
トマト（p.102）
ライス（p.87）
ハンバーグソース（p.119）
焼きなす（p.89）
ゆで卵（p.106）
ハンバーグ（p.28）

ハンバーグプレート（p.56）

●市販の計量スプーン（p.139）を使用。
●ハンバーグを盛りつけ、ハンバーグソースをかけてUV-LEDライトにあててかためる。
●焼きじゃがいもの上にミディアムグラス（p.62）を散らす。

トマト（p.102）
ベビーリーフ（p.99）
ラディッシュ（p.99）
にんじん（p.95）
紫玉ねぎ（p.98）
溶かしバター（p.119）
ゆで卵（p.106）
焼きじゃがいも（p.88）
バターライス（p.87）
ハッシュドビーフ（p.118）

ハッシュドビーフプレート（p.57）

●木のリム皿（p.137）を使用。
●ハッシュドビーフを皿に盛り、UV-LEDライトにあててかためる。
●にんじんと紫玉ねぎ（パーツをウェットティッシュで少ししめらせて動きを出す）、ベビーリーフとトマトをそれぞれUV-LEDレジンであえ、UV-LEDライトにあててかためる（p.61）。

がんも（p.111）
しいたけ（p.93）
にんじん（p.95）
れんこん（p.92）
絹さや（p.93）
大根の煮物（p.91）
ひじきの煮物（p.110）
さけ（p.108）
青じそ（p.101）
漬物（p.112）
おにぎり（p.86）

焼きさけプレート（p.58）

● p.130平皿の型を使用し、グレーのマーブルに着色（p.134）。

さつまいも（p.94）
きんぴらごぼう（p.111）
かぼちゃの煮物（p.91）
煮卵（p.106）
さば（p.109）
漬物（p.112）
大根おろし（p.116）
おにぎり（p.86）
青じそ（p.101）

焼きさばプレート（p.59）

●木の削り目皿（p.137）、p.130ボウルの型を使用。ボウルはアクリル絵具〈p.15 アイボリーブラック〉で濃いグレーに着色した粘土で作る。

おにぎりプレート (p.60)

さつまいも (p.94)
かぼちゃの煮物 (p.91)
だし汁 (p.118)
絹さや (p.93)
しいたけ (p.93)
大根の煮物 (p.91)
たけのこ (p.92)
にんじん (p.95)
おにぎり (p.86)
葉飾り (p.101)
漬物 (p.112)

さつまいも (p.94)
がんも (p.111)
しいたけ (p.93)
絹さや (p.93)
煮卵 (p.106)
だし汁 (p.118)
たけのこ (p.92)
おにぎり (p.86)
葉飾り (p.101)
漬物 (p.112)

●木の皿 (p.137 削らずにそのまま使用)、p.130 ボウルの型を使用。
●大根の煮物、にんじん、絹さやをボウルに入れ、だし汁を注ぎ、UV-LED ライトにあててかためる。

●木の皿 (p.137 削らずにそのまま使用)、p.130 ボウルの型を使用。
●がんも、絹さやをボウルに入れ、だし汁を注ぎ、UV-LED ライトにあててかためる。

いちご (p.121)
キウイ (p.122)
バナナ (p.121)
グレープフルーツ (p.124)
オレンジ (p.124)
飾りチョコ (p.126)
ミニタルト (p.75)

ミニタルトプレート (p.68)

●p.130 平皿の型を使用。
●p.76 の要領でタルトに各パーツを盛りつける。

スコーン (p.77)
ブルーベリージャム (p.78)
クロテッドクリーム (p.119)
いちご (p.121)
いちごジャム (p.78)
オレンジ (p.124)
カマンベールチーズ (p.118)
ブルーベリー (p.123)

スコーンプレート (p.69)

●p.130 平皿、ココットの型を使用。
●スコーンは 1 つを両手で半分に割り、クロテッドクリームといちごジャムをのせる。

食後のデザート

recipe

モンブラン

いちご、栗、マロングラッセをトッピングした、ボリューミーな3種のモンブランです。
パスタ (p.23) と同じ道具を使って粘土を細長く絞り出し、モンブランクリームを作ります。

→ 作り方 p.70

制作：及川聖子

66

レトロな喫茶店にありそうな懐かしい雰囲気のケーキやドリンクと、
優雅なティータイムをイメージした、
ミニタルトやスコーンのプレートを紹介します。

recipe

ドリンク

メロンクリームソーダ、レモンスカッシュ、オレンジジュース、ミルクセーキの4種。
UV-LEDレジンを着色してグラスに注ぐだけだから手軽です。氷もレジンで作れます。

→ 作り方 p.72

制作：關本磨央

67

ミニタルトプレート

小さなタルトを作り、いろいろな
フルーツやチョコをトッピング。
心ときめくスイーツプレートです。

→ 作り方 p.75

recipe

スコーンプレート

スコーンに、ジャムと
クロテッドクリーム、フルーツとチーズ。
お茶の時間をイメージして、
シンプルに仕上げました。

→ 作り方 p.77

PARTS

〈左上から順に〉
スコーン (p.77)、ブルーベリージャム (p.78)、
いちごジャム (p.78)、クロテッドクリーム (p.119)、
カマンベールチーズ (p.115)、いちご (p.121)、
オレンジ (p.124)、ブルーベリー (p.123)

モンブラン … p.66

… p.66

材 料

樹脂粘土 (**コスモス**)
樹脂粘土 (**グレイスジュエリーライン**)
カラー粘土 (**グレイスカラー ブラウン、きつね色**)
デコレーション用塗料 (**トッピングの達人 粉砂糖**)
ホイップクリーム用粘土 (**クリーミィホイップ ミルク**)

いちごモンブラン
カラー粘土 (**グレイスカラー ホワイト、ピンク**)
砂絵用の砂 (赤)、いちご (p.121)

栗、マログラッセ
樹脂粘土 (**グレイス**)

盛りつけ
平皿 d (p.128)
ワックスペーパー
ケーキの大きさに合わせて切り、下を包んで皿にのせる。

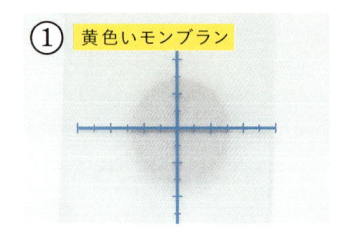

トッピングの達人 粉砂糖 (タミヤ)
白い大理石粉末を配合したペースト状の塗料。
リアルな粉砂糖が表現できる。

砂絵用の砂 (赤)
色つきの砂。
いちごの粒感を表現するため粘土に混ぜる。

作 り 方

① 黄色いモンブラン
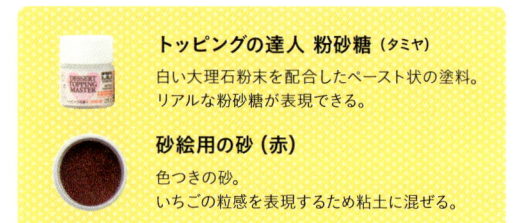

茶色に着色した粘土を
プレス器で直径3cmに
のばす。
粘土がくっつきやすいの
でクッキングシートを挟
むとよいでしょう。

準 備

p.11の要領で粘土を着色する。

共通
クッキー生地：粘土とカラー粘土を混ぜて (**コスモス**直径約
1.5cm＋**グレイスカラー きつね色**直径約6mm＋**グレイスカ
ラー ブラウン**直径約6mm) 茶色に着色。

黄色いモンブラン
クリーム、土台：粘土とカラー粘土を混ぜて (**グレイスジュエ
リーライン**直径約2.3cm＋**グレイスカラー きつね色**直径約
7mm) 薄い黄土色に着色。
栗：粘土とカラー粘土を混ぜて (**グレイス**直径約1cm＋**グレ
イスカラー きつね色**直径約4mm) 黄土色に着色。

ピンクのモンブラン
クリーム、土台：粘土とカラー粘土を混ぜて (**グレイスジュ
エリーライン**直径約2.3cm＋**グレイスカラー ピンク**直径約
6mm＋**グレイスカラー ホワイト**直径約1.3cm) 薄いピンクに
着色。

茶色のモンブラン
クリーム、土台：粘土とカラー粘土を混ぜて (**グレイスジュエ
リーライン**直径約2.3cm＋**グレイスカラー きつね色**直径約
1cm＋**グレイスカラー ブラウン**直径約8mm) 茶色に着色。
マログラッセ：粘土とカラー粘土を混ぜて (**グレイス**直径約
8mm＋**グレイスカラー ブラウン**直径約4mm) 茶色に着色。

②

抜き型 (直径約2.2cm)
でくりぬく。クッキー生
地の完成。

③

薄い黄土色に着色した
粘土から土台用に直径
1.5cmを取り、楕円のド
ーム状に整える。②の
クッキー生地の上にドー
ム状の粘土をのせて貼
り合わせる。

④ 薄い黄土色に着色した粘土の残りを1mmのチップをつけたクレイガン (p.37) に詰め、絞り出す。

⑤ 太い束と細い束を作って分ける。

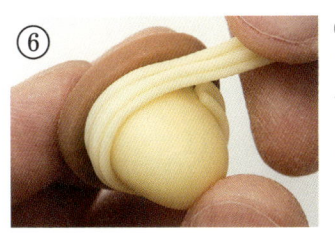

⑥ ⑤の細い束を③の根元に1周巻きつける。粘土ヘラで巻き終わりをなじませ、余分な粘土ははさみで切る。

⑦ ⑤の太い束を⑥の上にのせ、適当な長さに切りながら土台を覆うまでくり返す。

⑧ カーブに沿って余分な粘土をはさみで切り、粘土ヘラで先端をクッキー生地 (茶色の粘土)の上部に入れ込む。

⑨ **トッピングの達人 粉砂糖**を表面に指でたたきつける。

⑩ 栗を作る。着色した粘土で直径約7mmの丸玉を作る。少しつぶして先端を尖らせ、形を整える。乾燥させる。

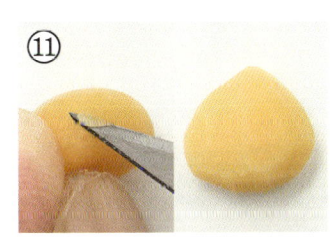

⑪ デザインナイフで表面をランダムに薄く削り、栗の皮をむいた感じを表現する。

⑫ **クリーミィホイップを**コルネ (p.15) に入れて⑨の上に絞り、⑪の束をのせる。

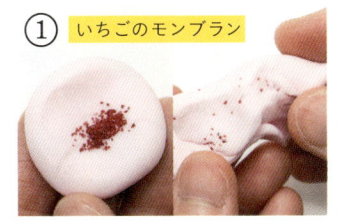

① いちごのモンブラン

黄色いモンブランの作り方①〜⑨と同様に作る。③、④は薄いピンクに着色した粘土を使用。④で赤い砂を混ぜてからクレイガンで絞り出す。

② **クリーミィホイップを**絞り、半分に切ったいちごをのせる。

① 茶色いモンブラン

黄色いモンブランの作り方①〜⑨と同様に作る。③、④は茶色に着色した粘土を使用。マロングラッセを作る。着色した粘土で直径約7mmの丸玉を作る。少しつぶして先端を尖らせ、粘土ヘラで先端に向かってランダムに細かく筋を入れる。

② **クリーミィホイップを**絞り、①のマロングラッセをのせる。

ドリンク … p.67

… p.67

材料

UV‐LEDレジン（**月の雫**）
レジン用着色剤（**宝石の雫**）
　〈イエロー〉〈レッド〉〈イエローグリーン〉〈ホワイト〉

オレンジ、レモン
粘土（**すけるくん**）
アクリル塗料（**デコレーションカラー**）
　〈オレンジシロップ〉〈レモンシロップ〉
アクリル絵具（**リキテックス ソフトタイプ**）
　〈G：チタニウムホワイト〉

ミルクセーキ
ガラスビーズ、さくらんぼ（p.123）

メロンクリームソーダ
さくらんぼ（p.123）、バニラアイス（p.125）

盛りつけ
グラス（p.128）、ストロー
接着剤（**デコプリンセス**）

ガラスビーズ

ガラス製のビーズ。ここでは直径約1mmの透明タイプを使用。

ストロー

ここでは直径約2mmのものを好きな長さにカットして使用。

コスメ用注射器

100円均一ショップなどで購入できる化粧品用のスポイト。先端を少しつぶして使用。

準備

p.11の要領で粘土を着色する。
すけるくんは乾燥すると色が濃くなるので注意。
イメージより薄めに仕上げます。

オレンジ
デコレーションカラー〈オレンジシロップ〉でオレンジに着色。

レモン
デコレーションカラー〈レモンシロップ〉で黄色に着色。

作り方

① オレンジ、レモン

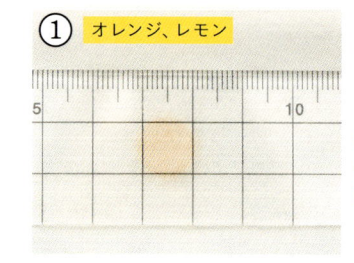

着色した粘土で直径7mmの丸玉を作り、ものさしなどで直径約1.2cmにのばす。
粘土がくっつきやすいのでクッキングシートを挟むとよいでしょう。

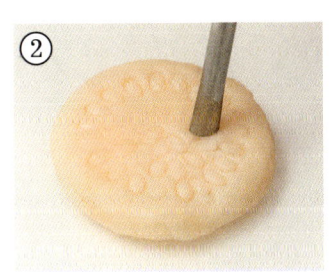

② 先端を少しつぶしたコスメ用注射器を①に押しあて、実の粒の部分を描く。

氷

UV‐LEDレジンを氷の型（p.131 ソーダグラス＆氷）に流しこみ、UV‐LEDライトにあててかため、取り出す。

③ カッターの裏で4本の筋をつけ、乾燥させる。レモンは同様にして計3枚作る。

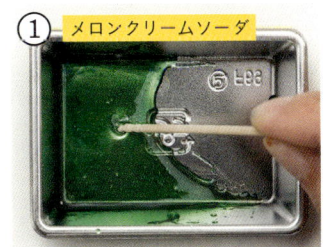

メロンクリームソーダ

① UV‐LEDレジンに着色剤（イエローグリーン）を混ぜ、メロンソーダの色を作る。

着色剤は様子を見ながら少しずつ加え、好みの色に仕上げます。

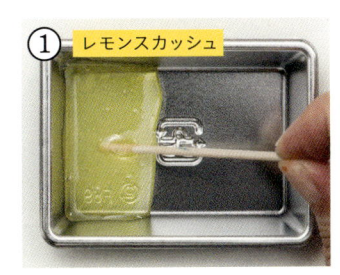
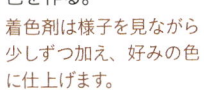

② グラスに氷3個を入れて①を注ぐ。バニラアイスをのせてストローを差し、UV‐LEDライトにあててかためる。接着剤でさくらんぼをつける。

④ アクリル絵具〈G〉で③の筋に沿って白い線を描く。円の縁にも1周、線を入れる。

レモンスカッシュ

① UV‐LEDレジンに着色剤（イエロー＋ホワイト＋レッド少量）を混ぜ、レモンスカッシュの色を作る。

着色剤は様子を見ながら少しずつ加え、好みの色に仕上げます。

⑤ **デコレーションカラー**〈オレンジシロップ〉（レモンの場合は〈レモンシロップ〉）にアクリル絵具〈G〉を混ぜ、側面に色を塗る。

② グラスにレモン2枚を入れて①を注ぐ。氷をのせてストローを差し、UV‐LEDライトにあててかためる。切り込みを入れたレモンをグラスの縁に差し込む。

⑥ グラスに差し込むときは、カッターで少し切り込みを入れる。

① 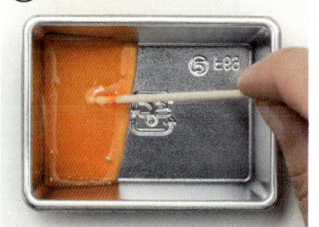 オレンジジュース

UV-LEDレジンに着色剤（イエロー＋レッド少量）を混ぜ、オレンジジュースの色を作る。
着色剤は様子を見ながら少しずつ加え、好みの色に仕上げます。

① 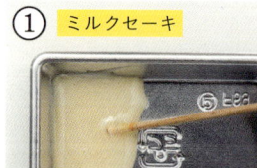 ミルクセーキ

UV-LEDレジンに着色剤（ホワイト＋イエロー、レッド各少量）を混ぜ、ミルクセーキの色を作る。
着色剤は様子を見ながら少しずつ加え、好みの色に仕上げます。

②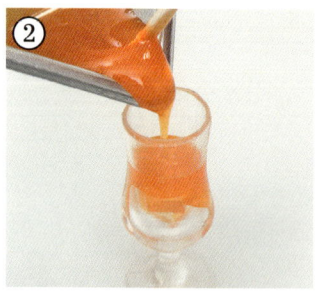

グラスに氷2個を入れて①を注ぐ。気泡があったら爪楊枝で取り除く。
あとで氷を加えるので、グラスの8分目くらいまで注ぎます。

②

ガラスビーズをふたつまみほど加えて混ぜ、UV-LEDライトに3秒くらいあて、とろりとさせる。
ガラスビーズを混ぜることでミルクセーキの質感を表現。少しとろみをつけて一体感を出します。

③

②をグラスに注ぐ。ガラスビーズが分離していたら爪楊枝で底からかき混ぜる。

③

②に氷を1～2個のせ、ストローを差し、UV-LEDライトにあててかためる。

④

③にさくらんぼをのせてストローを差し、UV-LEDライトにあててかためる。

④

切り込みを入れたオレンジをグラスの縁に差し込む。

ミニタルトプレート

… p.68

~~~
材料
~~~

[ミニタルト]
造形用パテ (エポキシ造形パテ〈速硬化タイプ〉)
シリコーン型取り材 (ブルーミックス)
樹脂粘土 (グレイス)
アクリル絵具 (リキテックス ソフトタイプ)
　〈C：イエローオキサイド〉
　〈K：ローシェンナ〉
　〈G：チタニウムホワイト〉
ベビーパウダー

[パーツ]
いちご (p.121)、バナナ (p.121)、キウイ (p.122)
オレンジ (p.124)、グレープフルーツ (p.124)
飾りチョコ (p.125)

[盛りつけ]
平皿1 (p.127)
木工用ボンド

~~~
準備
~~~

p.11の要領で、粘土をアクリル絵具〈C〉で
薄い黄色に着色し、カラースケールⅠで計
量する (直径2cm)。

~~~
作り方
~~~

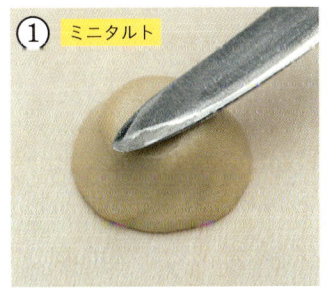

① ミニタルト

p.16 の①〜②の要領で
エポキシ造形パテを混
ぜたら、円すいを作っ
て上を粘土ヘラ (ステン
レスモデラ) で平らにつ
ぶす。

②

歯ブラシをあてて質感
をつけ、形を整える。

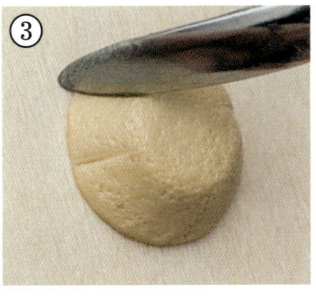

③

側面に粘土ヘラ (ステ
ンレスモデラ) で均等
に筋を入れる。

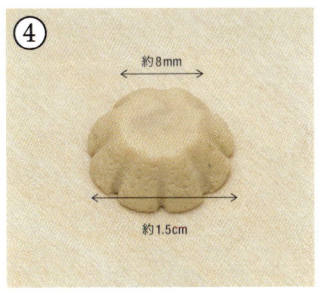

④

約8mm
約1.5cm

原型の完成。5〜6時
間おいて硬化させる。

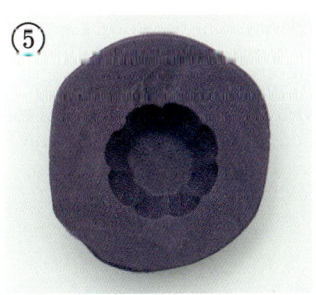

⑤

p.16 〜 17 の⑦〜⑨の
要領でブルーミックス
を④にかぶせて硬化さ
せ、型の完成。

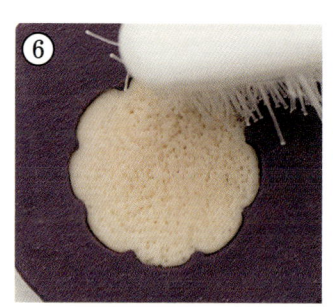

⑥ 着色した粘土を⑤の型に詰め、歯ブラシをあてて質感をつける。
くぼみをつけるときに盛り上がるため、粘土は少し少なめに詰めます。

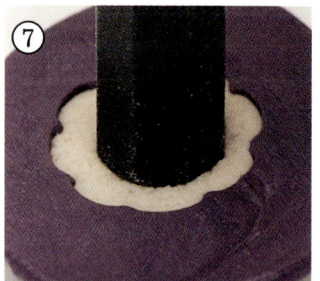

⑦ デザインナイフや筆の柄などで押して、中央にくぼみを作る。

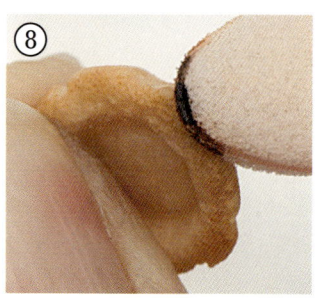

⑧ 型から粘土を出し、乾燥させる。アクリル絵具〈C〉、〈K〉を適当に混ぜながら塗り、縁と側面に焼き色をつける。
メイクチップでたたくようにして塗ると、ほどよいグラデーションができてリアルになります。

⑨ アクリル絵具〈G〉とベビーパウダーを混ぜ、縁に筆ではたきつける。
絵具を混ぜることで粉が定着します。

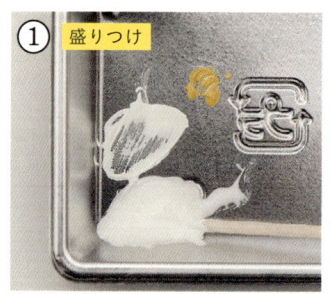

① 盛りつけ

ボンドにアクリル絵具〈C〉、〈G〉を少しずつ混ぜる。

② ①をタルトのくぼみの中に入れ、上に好みのフルーツパーツなどをのせる。パーツが重なる部分はボンドで貼りつける。

③ p.61の要領でタルトの裏にボンドを塗り、皿に貼りつける。
p.65の作品リストもご参照ください。

スコーンプレート

… p.69

… p.69

材料

スコーン
造形用パテ (エポキシ造形パテ〈速硬化タイプ〉)
シリコーン型取り材 (ブルーミックス)
樹脂粘土 (グレイス)
アクリル絵具 (リキテックス ソフトタイプ)
　〈K：ローシェンナ〉

ジャム (ブルーベリー、いちご)
UV‑LEDレジン (月の雫)
レジン用着色剤 (宝石の雫)
　〈レッド〉〈シアン〉
着色剤 (カラー粘土の達人)
　〈ブルーベリー〉

パーツ
いちご (p.121)、 ブルーベリー (p.123)
オレンジ (p.124)、 カマンベールチーズ (p.115)
クロテッドクリーム (p.119)

盛りつけ
平皿 1 (p.127)
ココット (p.127)
木工用ボンド

準備

p.11の要領で、粘土をアクリル絵具〈K〉で
薄い黄土色に着色し、カラースケール‖で
計量する (直径2cm)。

作り方

① **スコーン**

p.16の①～②の要領で
エポキシ造形パテを混
ぜたら、わざとボソボソ
ソの状態を作る。

②

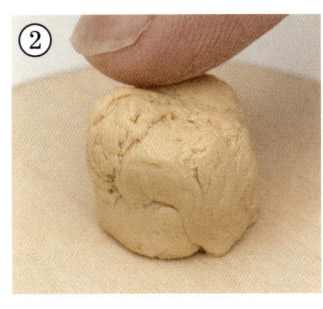

ボソボソの質感を保っ
たまま円柱形に整え、
上は指でへこませてデ
コボコにする。

③ 約1.3cm 約1.1cm

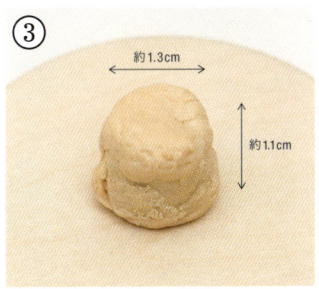

原型の完成。5～6時
間おいて硬化させる。

④

p.16～17 の ⑦～⑨ の
要領で**ブルーミックス**
を③にかぶせて硬化さ
せ、型の完成。

⑤

着色した粘土を④の型に詰める。
粘土の量が多ければ指ですり切り、少なければ粘土を足して平らにします。

⑥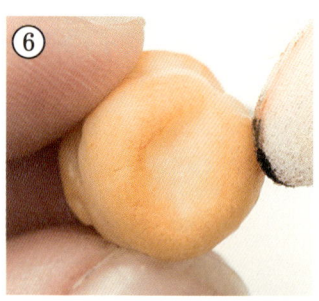

型から粘土を出し、乾燥させる。アクリル絵具〈K〉を塗り、焼き色をつける。
上のへこんでいる部分や側面はあまり塗らず、メイクチップでたたくようにして塗ると、ほどよいグラデーションができてリアルになります。

⑦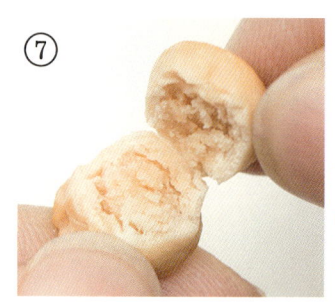

カットする場合は、半日くらいおいた半乾きのときに、両手で半分に割る。
手で割ると断面のボソボソした質感が出せます。割りにくい場合は最初にカッターで少し切り込みを入れてください。

① ブルーベリージャム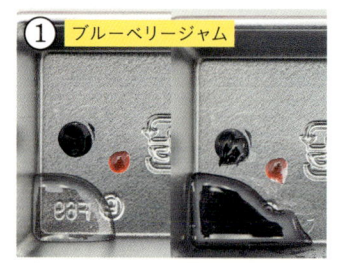

UV-LEDレジンに着色剤〈レッド〉、**カラー粘土の達人**〈ブルーベリー〉を少しずつ混ぜ、ブルーベリージャムの色を作る。

いちごジャム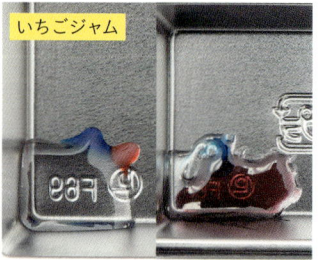

UV-LEDレジンに着色剤〈レッド〉、〈シアン〉を少しずつ混ぜ、いちごジャムの色を作る。

②

ココットに注ぎ、UV-LEDライトにあてる。途中で取り出し、完全に硬化する前に爪楊枝でかき混ぜ、質感を出す。再びライトにあてて完全にかためる。

盛りつけ

p.61の要領で各パーツにボンドを塗り、皿に貼りつける。半分に割ったスコーンにクロテッドクリームといちごジャムをのせる。
p.65の作品リストもご参照ください。

トッピングパーツの作り方

パン、ライス、肉や魚、野菜、フルーツなど、
ワンプレートや付け合わせで使用したパーツの作り方を紹介します。
よく使うパーツは型を取っておけば、
粘土を詰めるだけで同じものを簡単に作ることができます。

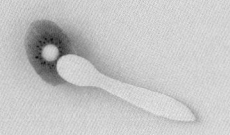

食パン … p.49

… p.49

材料

造形用パテ（**エポキシ造形パテ〈速硬化タイプ〉**）
シリコーン型取り材（**ブルーミックス**）
樹脂粘土（**グレイス**）
アクリル絵具（**リキテックス ソフトタイプ**）
　〈**C：イエローオキサイド**〉
　〈**K：ローシェンナ**〉

準備

p.11の要領で、粘土をアクリル絵具〈C〉で薄い
黄色に着色し、カラースケール I で計量する（直
径2cm）。

作り方

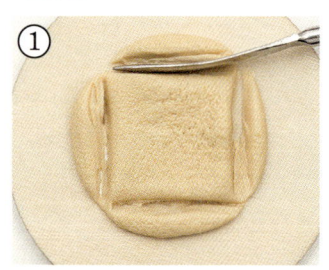

① p.16の①〜③の要領で
エポキシ造形パテを土
台の上に広げたら、粘
土ヘラ（**ステンレスモデ
ラ**）で食パンの形を描
き、余分なパテを取り
除く。

② 約1.6cm　約1.8cm

p.16の⑤の要領で縁を
立たせて針で穴をあけ、
原型の完成。5〜6時間
おいて硬化させる。

③ p.16〜17の⑦〜⑨の
要領で**ブルーミックス**
を②にかぶせて硬化さ
せ、型の完成。

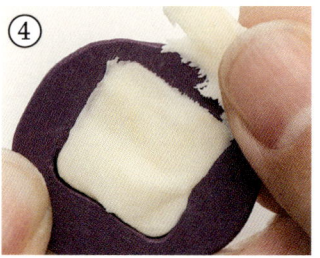
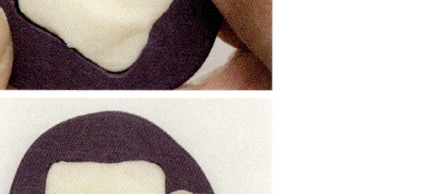

④ 着色した粘土を③の型
に詰める。
粘土の量が多ければ指で
すり切り、少なければ粘
土を足して平らにします。

⑤ 型から粘土を出し、乾
燥させる。アクリル絵
具〈K〉を側面に塗る。
メイクチップでたたくよう
にして塗ると、ほどよい
グラデーションができて
リアルになります。

⑥ 表面のところどころに
アクリル絵具〈C〉を塗
り、焼き色をつける。

イングリッシュマフィン

… p.50

… p.50

材料

造形用パテ（**エポキシ造形パテ〈速硬化タイプ〉**）
シリコーン型取り材（**ブルーミックス**）
樹脂粘土（**グレイスジュエリーライン**）
軽量樹脂粘土（**グレイスライト**）
アクリル絵具（**リキテックス ソフトタイプ**）
　〈C：イエローオキサイド〉

準 備

グレイスジュエリーラインと**グレイスライト**
を 1：1 で混ぜ、p.11の要領で、アクリル絵
具〈C〉で薄い黄色に着色し、カラースケー
ル I で計量する（直径 2 cm）。

作 り 方

①

p.16 の①〜③の要領で
エポキシ造形パテを広
げ、粘土ヘラ（**ステンレ
スモデラ**）で丸（直径
約 2 cm）を描き、余分な
パテを取り除く。p.16
の⑤の要領で縁を立た
せて針で穴をあけ、硬
化させる。

②

p.16〜17の⑦〜⑨の要
領で**ブルーミックス**を
①にかぶせて硬化さ
せ、型の完成。

③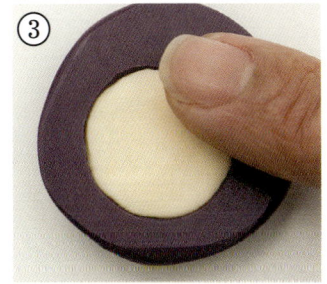

着色した粘土を②の型
に詰める。

粘土の量が多ければ指で
すり切り、少なければ粘
土を足して平らにします。

④

型から粘土を出し、乾
燥させる。アクリル絵
具〈C〉を表面のところ
どころに塗って焼き色
をつける。

メイクチップでたたくよう
にして、外側から内側に
向かって塗ります。

パンケーキ … p.51

材料

軽量樹脂粘土（**グレイスライト**）
アクリル絵具（**リキテックス ソフトタイプ**）
　〈**C：イエローオキサイド**〉
　〈**K：ローシェンナ**〉

準備

p.11の要領で、粘土をアクリル絵具〈**C**〉で
薄い黄色に着色し、カラースケール**G**で計
量する（直径1.3㎝）。

作り方

① 着色した粘土を平らにつぶして円形（直径1.8㎝くらい）にし、乾燥させる。

② アクリル絵具〈**K**〉を表面に塗って焼き色をつける。
縁は残し、メイクチップでたたくようにして塗ると、ほどよいグラデーションができてリアルになります。

バゲット … p.52

材料

造形用パテ（**エポキシ造形パテ〈速硬化タイプ〉**）
シリコーン型取り材（**ブルーミックス**）
樹脂粘土（**グレイス**）
アクリル絵具（**リキテックス ソフトタイプ**）
　〈**C：イエローオキサイド**〉
　〈**K：ローシェンナ**〉
　〈**B：トランスペアレントバーントシェンナ**〉

準備

p.11の要領で、粘土をアクリル絵具〈**C**〉で
薄い黄色に着色し、カラースケール**I**で計
量する（直径2㎝）。

作り方

① p.16〜17の要領で**エポキシ造形パテ**と**ブルーミックス**で型を作ったら、着色した粘土を詰める。
粘土の量が多ければ指ですり切り、少なければ粘土を足して平らにします。

② 型から粘土を出し、乾燥させる。アクリル絵具〈**K**〉、〈**B**〉を適当に混ぜながら側面を塗る。
メイクチップでたたくようにして塗ると、ほどよいグラデーションができてリアルになります。

カンパーニュ … p.53

… p.53

〜〜〜〜
材料

造形用パテ（**エポキシ造形パテ〈速硬化タイプ〉**）
シリコーン型取り材（**ブルーミックス**）
樹脂粘土（**グレイスジュエリーライン**）
軽量樹脂粘土（**グレイスライト**）
アクリル絵具（**リキテックス ソフトタイプ**）
　〈C：イエローオキサイド〉
　〈A：トランスペアレントバーントアンバー〉
　〈G：チタニウムホワイト〉
ベビーパウダー

〜〜〜〜
準備

グレイスジュエリーラインと**グレイスライト**
を1：1で混ぜ、p.11の要領で、アクリル
絵具〈C〉、〈A〉で薄い茶色に着色し、カラ
ースケールⅠで計量する（直径2cm）。

〜〜〜〜
作り方

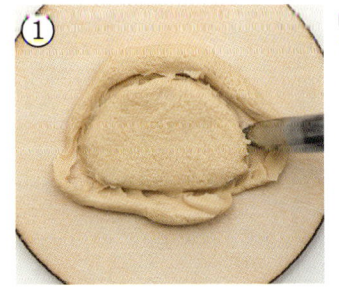

p.16の①〜③の要領で
エポキシ造形パテを土
台の上に広げたら、粘
土ヘラ（**ステンレスモデ
ラ**）でカンパーニュの
形を描き、余分なパテ
を取り除く。

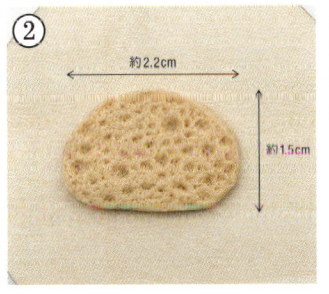

p.16の⑤の要領で縁を
立たせて針で穴をあけ、
原型の完成。5〜6時間
おいて硬化させる。

約2.2cm
約1.5cm

p.16〜17の⑦〜⑨の要
領で**ブルーミックス**を
②にかぶせて硬化さ
せ、型の完成。

着色した粘土を③の型
に詰める。
粘土の量が多ければ指で
すり切り、少なければ粘
土を足して平らにします。

型から粘土を出し、乾
燥させる。アクリル絵
具〈A〉を側面に塗る。
メイクチップでたたくよう
にして塗ると、ほどよい
グラデーションができて
リアルになります。

アクリル絵具〈G〉とベ
ビーパウダーを混ぜ合
わせ、側面に筆ではた
きつける。
絵具を混ぜることで粉が
定着します。

ワッフル … p.54

… p.54

② p.16 の⑤の要領で縁を立たせ、シュガークラフト用の細工棒などで押し、くぼみを9個作る。

③ くぼみの間をピンセットでつまみ、くぼみの形が四角くなるように整える。

④ 約2.2cm

原型の完成。5〜6時間おいて硬化させる。

材 料

造形用パテ（**エポキシ造形パテ〈速硬化タイプ〉**）
シリコーン型取り材（**ブルーミックス**）
樹脂粘土（**グレイス**）
アクリル絵具（**リキテックス ソフトタイプ**）
　〈C：イエローオキサイド〉
　〈K：ローシェンナ〉

準 備

p.11の要領で、粘土をアクリル絵具〈C〉で薄い黄色に着色し、カラースケールⅠで計量する（直径2cm）。

⑤ p.16〜17の⑦〜⑨の要領で**ブルーミックス**を④にかぶせて硬化させ、型の完成。
凹凸がきれいに出るように、**ブルーミックス**を2回に分けてかぶせるとよいでしょう（p.17複雑な形の場合）。

作 り 方

① p.16の①〜③の要領で**エポキシ造形パテ**を土台の上に広げたら、カッターで四角くカットする。

⑥ 着色した粘土を⑤の型に詰め、型から粘土を出し、乾燥させる。アクリル絵具〈K〉を全体に塗る。

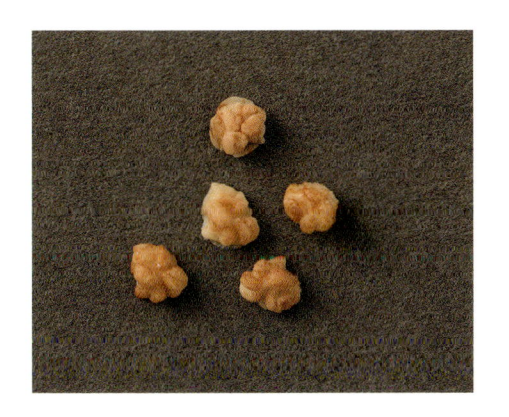

シリアル … p.55

シリアルに合わせるヨーグルト

ヨーグルト
シリアルと好みの
フルーツと一緒に
器に盛りつけてみ
てください。

樹脂粘土（**グレイ
ス**）、木工用ボンド、
アクリル絵具〈**G**〉
を混ぜ合わせる。
粘土だけだと乾燥後
に透明感が出てしま
うので、白い絵具を
少し混ぜます。

材料

造形用パテ（**エポキシ造形パテ〈速硬化タイプ〉**）
シリコーン型取り材（**ブルーミックス**）
樹脂粘土（**グレイス**）
アクリル絵具（**リキテックス ソフトタイプ**）
　〈**K：ローシェンナ**〉
　〈**B：トランスペアレントバーントシェンナ**〉
　〈**A：トランスペアレントバーントアンバー**〉

準備

p.11の要領で、粘土をアクリル絵具〈**K**〉で
薄い黄土色に着色し、カラースケールⅠで
計量する（直径2cm）。

作り方

①

p.16の①〜②の要領で
エポキシ造形パテを混
ぜ、ピンセットで小さ
くつまんで土台の上に
のせ、いろいろな大き
さ（2〜5mm大）や形の
かたまりを作る。

②

5〜6時間おいて硬化
させる。

③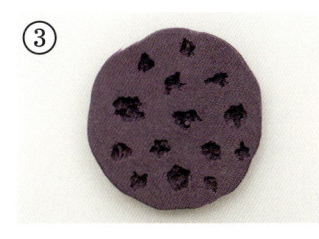

p.16〜17の⑦〜⑨の要
領で**ブルーミックス**を
②にかぶせて硬化させ、
型の完成。

④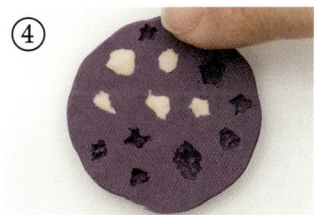

着色した粘土を③の型
に詰める。
粘土の量が多ければ指で
すり切り、少なければ粘
土を足して平らにします。

⑤

型から粘土を出し、乾
燥させる。

⑥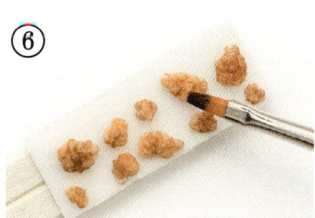

アクリル絵具〈**B**〉、〈**A**〉
を適当に混ぜながら、
表面に塗る。
割り箸に厚手の両面テー
プを貼って作業台を作
り、上にのせると着色し
やすいです。

三角おにぎり

丸おにぎり

おにぎり … p.58〜60

… p.58〜60

材料

造形用パテ（**エポキシ造形パテ〈速硬化タイプ〉**）
シリコーン型取り材（**ブルーミックス**）
樹脂粘土（**グレイス**）
木工用ボンド

作り方

① 基本の作り方

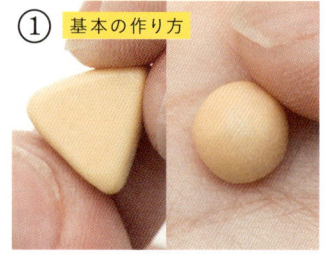

p.16の①〜②の要領で**エポキシ造形パテ**を混ぜたら、三角形（1辺が約1.3cm）または丸玉（直径約8mm）を作る。
パテは全量を使わず、成形する大きさに合わせて量を調節してください。

②

p.16〜17の⑦〜⑨の要領で**ブルーミックス**を①にかぶせて硬化させ、型の完成。

③

粘土を直径1〜2mmに丸め、型の底が見えなくなるまで詰める。

④

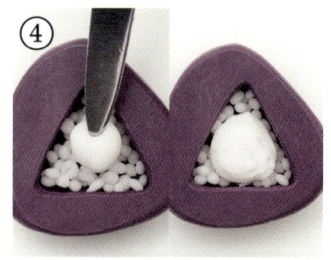

直径5〜6mmに丸めた粘土を2個くらい重ねて詰め、中央を埋める。
丸い型の場合は、直径2〜3mmの丸玉。

⑤

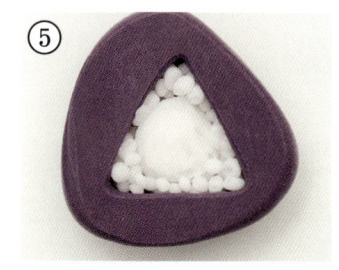

再び直径1〜2mmに丸めた粘土を詰め、周りの隙間を埋める。

⑥

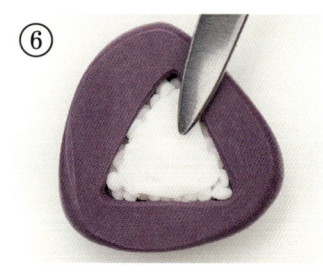

④の粘土を広げ、全体を覆う。
粘土を広げるとき、強く押しすぎると中の小さい粘土がつぶれてしまうので注意。裏面も見せる場合は、直径1〜2mmの粘土で全体を覆います。

⑦

型から取り出し、形を整え、木工用ボンドを表面のところどころに塗り、米の質感を出す。

具を混ぜる場合

基本の作り方①〜⑦と流れは同じ。作り方③で、型に直径1〜2mmに丸めた粘土と、パーツをバランスよく詰める。作り方⑤で、小さく丸めた粘土とパーツを詰めて隙間を埋める。作り方⑦で型から出し、パーツが接着していなければボンドで貼って形を整える。

ライス … p.56
バターライス … p.57

三角おにぎり

A ひじき
ひじきの煮物（p.110）のパーツを混ぜる。
B さけ＆絹さや
カットしたサーモン（p.107）、絹さや（p.93）を混ぜる。
C 梅干し
上に梅干し（p.112）を貼る。
D 炊き込みごはん
粘土をアクリル絵具〈K〉で薄茶色に着色し、米粒を作る。カットしたしいたけ（p.93）、たけのこ（p.92）、にんじん（p.95）を混ぜる。
E 雑穀米
粘土をアクリル絵具（ターナー ジャパネスクカラー）〈えんじ色〉で薄ピンクやピンクに着色し（色をまばらにしてグラデーションを作る）、米粒を作る。粘土で直径約2mmの楕円粒を作り、えんじの絵具で塗って米粒に混ぜる。上に黒ごま（p.117）を貼る。

丸おにぎり

A ごま
上に黒ごま（p.117）を貼る。
B 枝豆入り
ひじきの煮物の枝豆（p.110）を混ぜる。
C 雑穀米
粘土をアクリル絵具（ターナー ジャパネスクカラー）〈えんじ色〉で薄ピンクやピンクに着色し（色をまばらにしてグラデーションを作る）、米粒を作る。ひじきの煮物の大豆（p.110）と、大豆をえんじ色に塗ったものを混ぜる。

材料

樹脂粘土（グレイス）
アクリル絵具（リキテックス ソフトタイプ）
　〈C：イエローオキサイド〉
ベビーオイル
木工用ボンド

準備

バターライスは、p.11の要領で、粘土をアクリル絵具〈C〉で薄い黄色に着色する。

作り方

①
ティーカップやカラースケールなどにベビーオイルを塗る。
粘土をはずしやすいようにオイルを塗ります。p.16〜17の要領で好きな型を作っても。その場合は、オイルは塗らなくてもOK。

②
粘土（バターライスは着色した粘土）を直径1〜2mmに丸め、①の中に詰める。以降、おにぎりの基本の作り方③〜⑦と同様に作る。

ホール　　　カット

焼きじゃがいも … p.52、56〜57

ホール

材料　樹脂粘土（グレイス）
アクリル絵具（リキテックス ソフトタイプ）
　〈C：イエローオキサイド〉
　〈K：ローシェンナ〉
溶かしバター（p.119）

準備　p.11の要領で、粘土をアクリル絵具〈C〉で
薄い黄色に着色し、カラースケールEで計量
する（直径8mm）。

カット

材料　樹脂粘土（グレイス）
アクリル絵具（リキテックス ソフトタイプ）
　〈C：イエローオキサイド〉
　〈K：ローシェンナ〉
　〈A：トランスペアレントバーントアンバー〉
木工用ボンド

準備　p.11の要領で、粘土をアクリル絵具〈C〉で
薄い黄色に着色し、カラースケールHで計
量する（直径1.5cm）。

作り方

① ホール
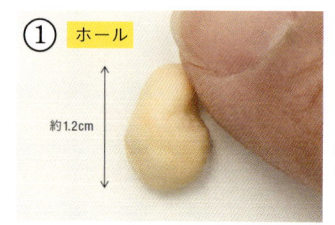
約1.2cm

着色した粘土を適当に
丸めてじゃがいもの形
を作り、半日くらいお
いて半乾きにする。
表面をつぶして凸凹を作
ります。

②

アクリル絵具〈K〉を塗
り、焼き色をつける。
メイクチップでたたくよう
にして塗ると、ほどよい
グラデーションができて
リアルになります。

③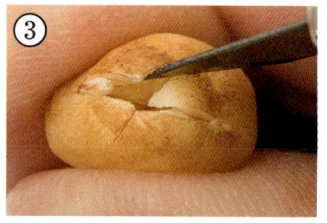

中央にデザインナイフ
で十字に切り込みを入
れ、そらせるようにし
て少し穴を広げる。

④

溶かしバターを作り
（p.119）、上にかける。U
V-LEDライトにあて
てかためる。

① カット

着色した粘土を4.5cm
長さの棒状にのばし、
乾燥させる。アクリル
絵具〈K〉を塗る。
線を描くように一定方向
に塗り、下の地色も見え
るようムラがあってOK。

②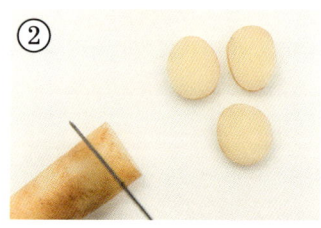

カッターで薄い輪切り
にする。

③

表面のところどころに
ボンドを塗り、乾燥させ
る。ボンドを塗ったとこ
ろにアクリル絵具〈K〉、
〈A〉を混ぜながら塗り、
焼き色をつける。
割り箸に厚手の両面テー
プを貼って作業台を作る
と作業しやすい。ボンド
で膜を作ってからメイク
チップでたたくようにして
塗ると、質感が出てリア
ルになります。

焼きなす … p.54〜56

材 料　樹脂粘土（**グレイス**）
アクリル絵具（**リキテックス ソフトタイプ**）
　〈**C：イエローオキサイド**〉
　〈**K：ローシェンナ**〉
　〈**A：トランスペアレントバーントアンバー**〉
着色剤（**カラー粘土の達人**）
　〈**ブルーベリー**〉
木工用ボンド

準 備　p.11の要領で、粘土をアクリル絵具〈**C**〉で
薄い黄色に着色し、カラースケール**H**で計
量する（直径1.5cm）。

作 り 方

①
着色した粘土を4.5cm
長さの棒状にし、乾燥
させる。ブルーベリー
の着色剤で色を塗る。
線を描くように一定方向
に塗り、地色も見えるよ
うにムラがあってOK。

②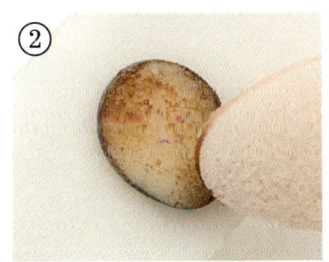
カッターで輪切りにし、
表面のところどころに
ボンドを塗り、乾燥させ
る。ボンドを塗ったとこ
ろにアクリル絵具〈**K**〉、
〈**A**〉を混ぜながら塗り、
焼き色をつける。
ボンドで膜を作ってから
色を塗ると質感が出ます。

焼きズッキーニ … p.54〜56

材 料　樹脂粘土（**グレイス**）
アクリル絵具（**リキテックス ソフトタイプ**）
　〈**C：イエローオキサイド**〉
　〈**I：パーマネントサップグリーン**〉
　〈**K：ローシェンナ**〉
　〈**A：トランスペアレントバーントアンバー**〉
木工用ボンド

準 備　p.11の要領で、粘土をアクリル絵具〈**C**〉で
薄い黄色に着色し、カラースケール**H**で計
量する（直径1.5cm）。

作 り 方

①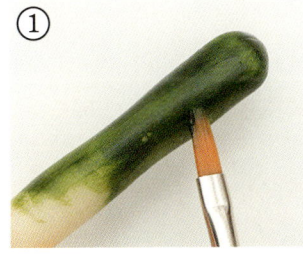
着色した粘土を4.5cm
長さの棒状にのばし、
乾燥させる。アクリル
絵具〈**I**〉で色を塗る。
濃いめに色を塗り、ズッ
キーニの皮を表現します。

②
カッターで輪切りにし、
表面のところどころに
ボンドを塗り、乾燥させ
る。ボンドを塗ったとこ
ろにアクリル絵具〈**K**〉、
〈**A**〉を混ぜながら塗り、
焼き色をつける。
ボンドで膜を作ってから
色を塗ると質感が出ます。

焼き玉ねぎ … p.49、55

… p.49、55

材料　樹脂粘土（**グレイス**）
アクリル絵具（**リキテックス ソフトタイプ**）
〈**C：イエローオキサイド**〉
〈**A：トランスペアレントバーントアンバー**〉

準備　p.11の要領で、粘土をアクリル絵具〈**C**〉で
薄い黄色に着色し、カラースケール**D**で計
量する（直径7mm）。

作り方

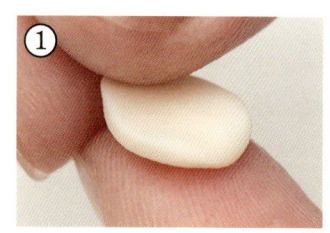

① 着色した粘土を円形に
し、指でつまんで縁を
立てる。

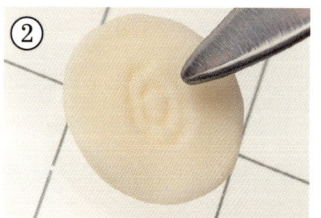

② 中心から外側に向かっ
て粘土ヘラ（**ステンレス
モデラ**）で円を5〜6周
描き、筋をつける。
ものさしなどの上に置く
と向きを変えながら作業
できて便利です。

③ アクリル絵具〈**A**〉を表
面に塗って焼き色をつ
ける。
メイクチップでたたくよう
にして塗ると、ほどよい
グラデーションができて
リアルになります。

焼きかぼちゃ … p.51、55

… p.51、55

材料　樹脂粘土（**グレイス**）
アクリル絵具（**リキテックス ソフトタイプ**）
〈**D：ビビッドレッドオレンジ**〉
〈**I：パーマネントサップグリーン**〉
〈**K：ローシェンナ**〉
〈**A：トランスペアレントバーントアンバー**〉
木工用ボンド

準備　p.11の要領で、粘土をアクリル絵具〈**D**〉で
薄いオレンジに着色し、カラースケール**D**
で計量する（直径7mm）。

作り方

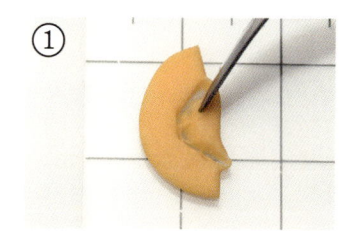

① 着色した粘土を直径
1.5cmの円形にのばし
てカッターで半分に切
り、粘土ヘラ（**ステンレ
スモデラ**）で真ん中を
取り除いてくし形にす
る。乾燥させる。

② 皮になる面をアクリル
絵具〈**I**〉で塗る。表面
のところどころにボン
ドを塗り、乾燥させる。
ボンドを塗ったところ
にアクリル絵具〈**K**〉、
〈**A**〉を混ぜながら塗り、
焼き色をつける。
ボンドで膜を作ってから
色を塗ると質感が出ます。

かぼちゃの煮物 … p.59〜60

… p.59〜60

材 料
樹脂粘土（**グレイス**）
アクリル絵具（**リキテックス ソフトタイプ**）
　〈**D：ビビッドレッドオレンジ**〉
　〈**I：パーマネントサップグリーン**〉
　〈**K：ローシェンナ**〉

準 備
p.11の要領で、粘土をアクリル絵具〈D〉で
薄いオレンジに着色し、カラースケールE
で計量する（直径8mm）。

作 り 方

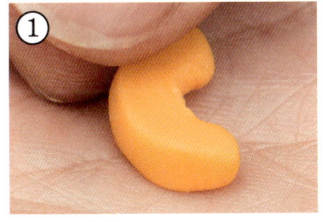
① 着色した粘土で厚めの
くし形を作る。

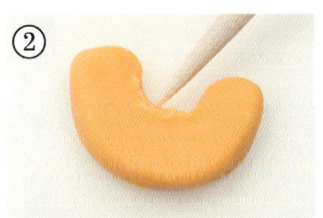
② 中央の部分は爪楊枝
でつついてボソボソさ
せ、乾燥させる。

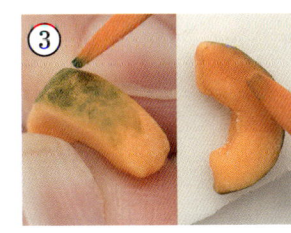
③ 皮になる側面をアクリ
ル絵具〈I〉で塗り、表
面のところどころに
〈K〉を塗る。カッターで
好みの大きさに切る。
皮は粘土の地色も見える
ようにムラがあってOK。

大根の煮物 … p.58、60

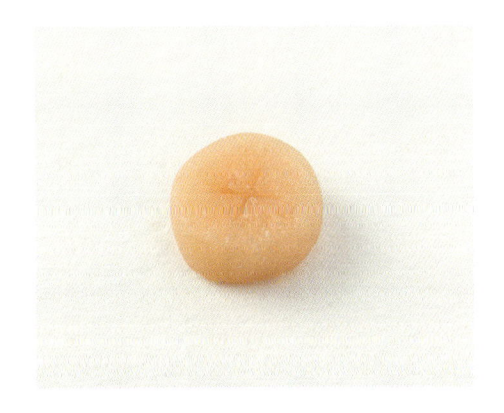

… p.58、60

材 料
粘土（**すけるくん**）
アクリル絵具（**リキテックス ソフトタイプ**）
　〈**C：イエローオキサイド**〉

準 備
p.11の要領で、粘土をアクリル絵具〈C〉で
薄い黄色に着色し、カラースケールFで計
量する（直径1cm）。
すけるくんは乾燥すると色が濃くなるので注意。
イメージよりも薄めに着色します。

作 り 方

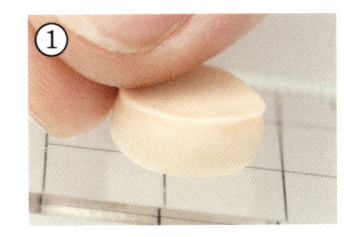
① 着色した粘土を円形に
し、指でつまんで縁を
立てる。
ものさしなどの上に置く
と向きを変えながら作業
できて便利です。

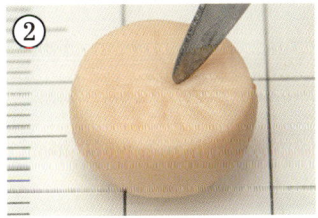
② 粘土ヘラ（**ステンレスモ
デラ**）で放射状に細か
く筋を入れる。

③ 中央にデザインナイフ
で十字に切り込みを入
れ、乾燥させる。

たけのこ … p.60

れんこん … p.58

… p.60

材料 樹脂粘土（**グレイス**）
アクリル絵具（**リキテックス ソフトタイプ**）
〈**K：ローシェンナ**〉

材料 樹脂粘土（**グレイス**）
アクリル絵具（**リキテックス ソフトタイプ**）
〈**K：ローシェンナ**〉

準備 p.11の要領で、粘土をアクリル絵具〈**K**〉で
ベージュ色に着色し、カラースケール**C**で
計量する（直径6mm）。

準備 p.11の要領で、粘土をアクリル絵具〈**K**〉で
ベージュ色に着色し、カラースケール**B**で
計量する（直径5mm）。

作り方

作り方

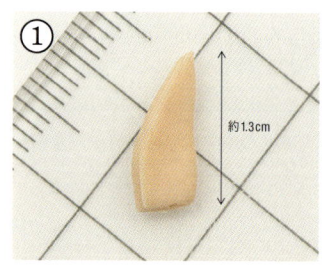

① 着色した粘土でくし形を作り、たけのこの形に整える。
ものさしなどの上に置くと向きを変えながら作業できて便利です。

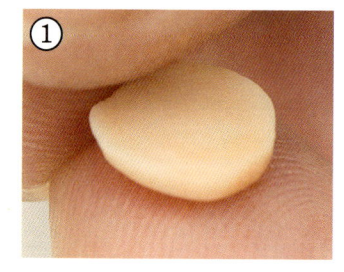

① 着色した粘土を円形にし、指でつまんで縁を立てる。
きれいな円形じゃなく、少しいびつな形でもOK。

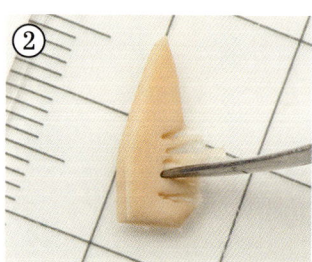

② 粘土ヘラ（**ステンレスモデラ**）でサイドに細かく切り込みを入れ、余分な粘土を取り除き、乾燥させる。

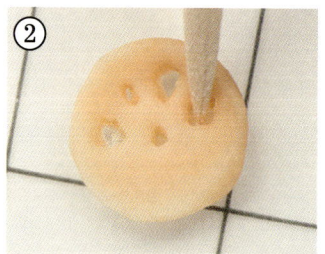

② 爪楊枝で穴をあけ、乾燥させる。
ものさしなどの上に置くと向きを変えながら作業できます。穴の大きさは揃えず、バラバラに。

しいたけ …p.58、60

材料　樹脂粘土（**グレイス**）
アクリル絵具（**リキテックス ソフトタイプ**）
　〈**C：イエローオキサイド**〉
　〈**A：トランスペアレントバーントアンバー**〉
木工用ボンド

準備　p.11の要領で、粘土をアクリル絵具〈**C**〉で
薄い黄色に着色し、カラースケール**C**で計
量する（直径6mm）。

作り方

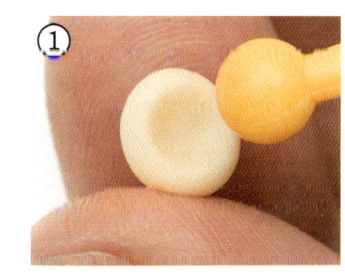

① 着色した粘土で丸玉を作り、シュガークラフト用の細工棒などで押してくぼみを作る。

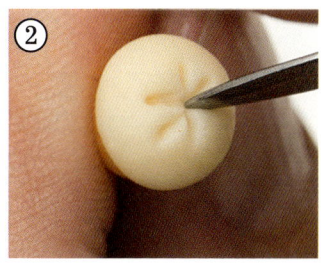

② 表側に粘土ヘラ（**ステンレスモデラ**）で縦に1本、斜めに2本、切り込みを入れる。乾燥させる。

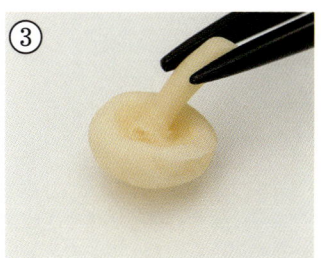

③ 着色した粘土をカラースケール**B**（直径5mm）で計量し、棒状にのばす。ボンドで②の裏側に貼りつけ、棒を好きな長さに切る。

④ 表側にアクリル絵具〈**A**〉を塗る。
切り込みの中には色をつけず、メイクチップでたたくようにして塗ると、ほどよいグラデーションができてリアルになります。

絹さや …p.58、60

材料　樹脂粘土（**グレイス**）
アクリル絵具（**リキテックス ソフトタイプ**）
　〈**I：パーマネントサップグリーン**〉

準備　p.11の要領で、粘土をアクリル絵具〈**I**〉で黄
緑に着色し、カラースケール**A**で計量する
（直径4mm）。

作り方

着色した粘土を平らにして直径6mmの円形にし、カッターで半分に切る。粘土ヘラ（**ステンレスモデラ**）などで絹さやの形に整える。

マッシュルーム … p.56

材料　樹脂粘土（グレイス）
アクリル絵具（リキテックス ソフトタイプ）
　　〈K：ローシェンナ〉
　　〈A：トランスペアレントバーントアンバー〉
木工用ボンド

準備　p.11の要領で、粘土をアクリル絵具〈K〉で
薄い黄土色に着色し、カラースケール A 〜
B で計量する（直径 4 〜 5mm）。

作り方

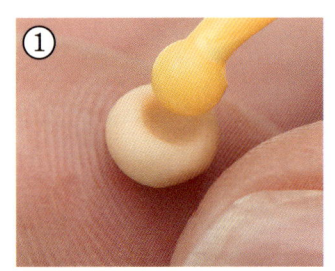

① 着色した粘土で丸玉を
作り、シュガークラフ
ト用の細工棒などで
押してくぼみを作る。

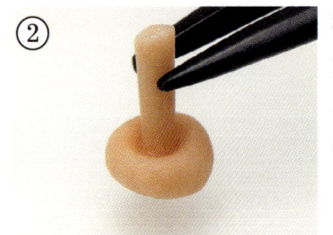

② 着色した粘土をカラー
スケール A（直径 4mm）
で計量し、棒状にのば
す。ボンドで①のくぼ
みに貼りつけ、棒を好
きな長さに切る。

③ 表側にアクリル絵具
〈A〉を塗る。
メイクチップでたたくよう
にして塗ると、ほどよい
グラデーションができて
リアルになります。

さつまいも … p.59〜60

材料　樹脂粘土（グレイス）
アクリル絵具（リキテックス ソフトタイプ）
　　〈L：リキテックスイエロー〉
アクリル絵具（ターナー ジャパネスクカラー）
　　〈えんじ色〉

準備　p.11の要領で、粘土をアクリル絵具〈L〉で
薄い黄色に着色し、カラースケールHで計
量する（直径1.5cm）。

作り方

着色した粘土を4.5cm
長さの棒状にのばし、
乾燥させる。えんじ色
のアクリル絵具を塗
る。カッターで輪切り
にし、表面にアクリル
絵具〈L〉を縁から内側
に向かって塗る。
縁をやや濃くして色ムラ
を作り、熱を加えた質感
を出します。

花形　スティック

乱切り　せん切り

にんじん

… p.24〜26、49、52〜53、56〜58、60

材料

樹脂粘土（**グレイス**）
アクリル絵具（**リキテックス ソフトタイプ**）
　〈**D：ビビッドレッドオレンジ**〉
　〈**E：カドミウムフリーレッドミディアム**〉

準備

p.11の要領で、粘土をアクリル絵具〈D〉、〈E〉でオレンジに着色する。花形はカラースケール**D**で計量し（直径7mm）、乱切りとスティック、せん切りはカラースケール**G**で計量する（直径1.3cm）。

作り方

① **乱切り・スティック・せん切り**

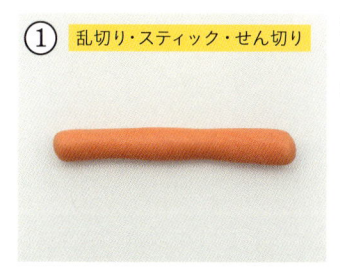

着色した粘土を5cm長さの棒状にのばし、乾燥させる。

②

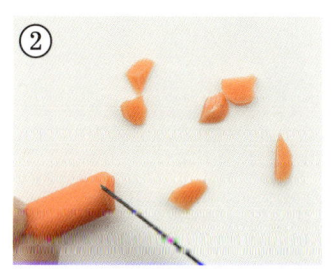

カッターで乱切りやせん切り、スティック状に切る。

① **花形**

着色した粘土を平らにつぶして直径1.2cmの円形にし、カッターで五角形に切る。ものさしなどの上に置くと向きを変えながら作業できて便利です。

②

回転させながら、カッターでそれぞれの辺の真ん中にV字に切り込みを入れる。

③

粘土ヘラ（**ステンレスモデラ**）で角に丸みをつけ、花形に整える。

グリーン　　　　ホワイト

アスパラガス

… p.21、26〜27、49、52〜53、55〜56

材料

樹脂粘土（**グレイス**）
アクリル絵具（**リキテックス ソフトタイプ**）
　〈**I：パーマネントサップグリーン**〉
　〈**C：イエローオキサイド**〉
着色剤（**カラー粘土の達人**）
　〈**ブルーベリー**〉

準備

p.11の要領で、グリーンアスパラは粘土を
アクリル絵具〈**I**〉で黄緑に着色し、ホワイ
トアスパラはアクリル絵具〈**C**〉で薄い黄
色に着色する。ともにカラースケール**D**
で計量する（直径7mm）。

作り方

①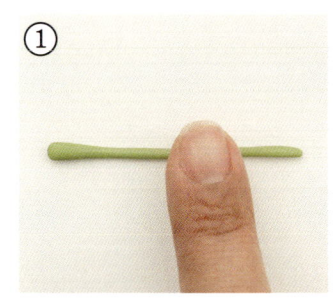

着色した粘土を5cm
長さの棒状にし、先端
をやや太くして10分ほ
どおき、少し乾かす。
触って表面がさらさらに
なるくらいでOK。完全に
乾燥させると、はさみで
切れなくなるので注意。

②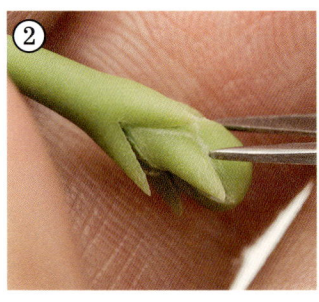

①の太い部分にはさみ
で切り込みを入れ、ア
スパラの穂先を作る。
先端が細い粘土用のはさ
みを使用。少しずらしな
がらV字に2ヵ所ずつ切
り込みを入れます。外側
に広がってきたら手で押
さえて形を整えます。

③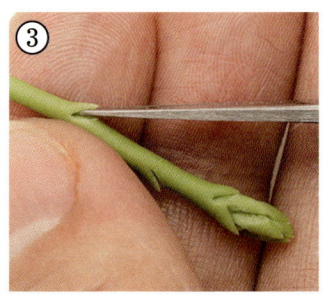

茎にもところどころに
切り込みを入れる。

④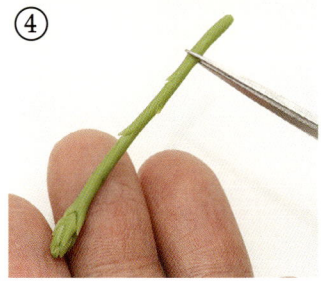

好みの長さで切る。

⑤

ブルーベリーの着色剤
を先端に薄く塗る。
ホワイトアスパラは塗ら
ないでOK。

96

芽キャベツ … p.50

… p.50

③

薄い緑の粘土を直径2mmくらい取り、薄くのばして②に貼りつける。

④

③をくり返し、周囲を覆いながら外側に重ねていく。
7〜8枚を目安に。葉の大きさは大小あってもOKです。

⑤

濃い緑の粘土も③〜④と同様にし、外側に重ねて貼り合わせる。

材料

樹脂粘土（グレイス）
アクリル絵具（リキテックス ソフトタイプ）
〈I：パーマネントサップグリーン〉
〈C：イエローオキサイド〉

⑥

芯の真ん中に粘土ヘラ（ステンレスモデラ）で筋を入れる。

作り方

①

p.11の要領で、粘土をアクリル絵具〈I〉、〈C〉で着色し、濃い緑、薄い緑、クリーム色の3色を作る。
少し色ムラがある状態でもOK。

⑦

裏側の持ち手にしていたクリーム色の粘土をはさみで切り、指でなじませて丸く整える。

②

クリーム色の粘土をカラースケールＢで計量し（直径5mm）、楕円形にする。これが芯になる。

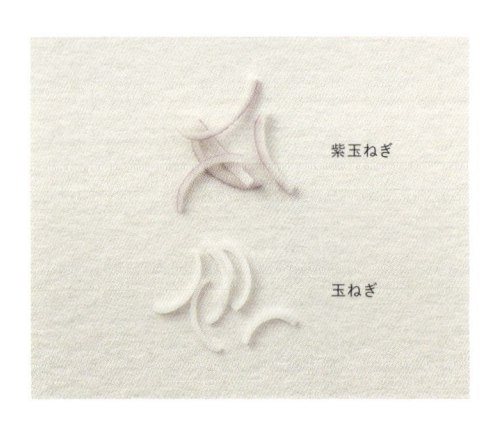

紫玉ねぎ

玉ねぎ

玉ねぎ … p.20、23〜24、52
紫玉ねぎ … p.52、55、57

… p.20、23〜24、52

… p.52、55、57

材料

樹脂粘土（グレイス）
アクリル絵具（リキテックス ソフトタイプ）
　〈M：キナクリドンブルーバイオレット〉
シリコーン型取り材（ブルーミックス）

準備

p.11の要領で、無着色の粘土をカラースケール
Gで計量する（直径1.3cm）。

作り方

①

p.16の作り方⑦の要領
で**ブルーミックス**の2
材を混ぜ、約4.5cm長
さの棒状にする。

②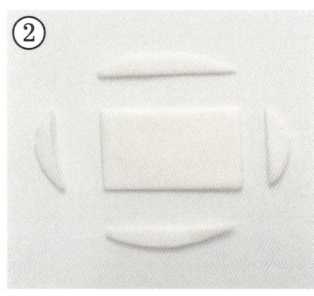

計量した粘土を約5cm
幅の楕円形にのばし、
カッターで四方を切っ
て長方形にする。

③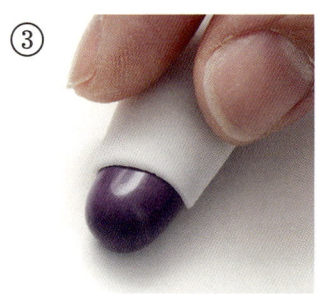

②を①に巻きつけ、乾
燥させる。

④

型から粘土をはずし、
紫玉ねぎはアクリル絵
具〈M〉を塗り（玉ねぎ
は何も塗らない）、はさ
みで細く切る。

ラディッシュ

赤大根

ラ デ ィ ッ シ ュ … p.49、55、57
赤大根 … p.53

… p.49、55、57
… p.53

材料
樹脂粘土（グレイス）
アクリル絵具（ターナー ジャパネスクカラー）
　〈えんじ色〉

準備　p.11の要領で、無着色の粘土をカラースケールHで計量する（直径1.5cm）。

作り方

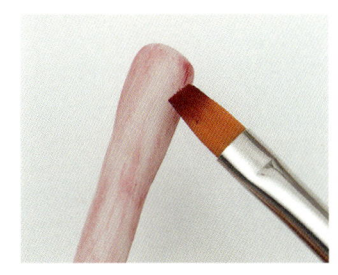

粘土を4.5cm長さの棒状にし、乾燥させる。えんじ色のアクリル絵具を塗る。ラディッシュは薄い輪切りに、赤大根はスティック状に切る。

ベビーリーフ … p.49、51、53、57

… p.49、51、53、57

材料

樹脂粘土（グレイス）
アクリル絵具（リキテックス ソフトタイプ）
　〈I：パーマネントサップグリーン〉

準備

p.11の要領で、粘土をアクリル絵具〈I〉で黄緑に着色し、カラースケールDで計量する（直径7mm）。

作り方

① 着色した粘土を直径3cmの円形にのばす。粘土ヘラ（ステンレスモデラ）でベビーリーフの形に切る（2～3枚分）。

② 手でカールさせて乾燥させる。
1枚1枚いろいろな角度で曲げておくと雰囲気が出ます。

クレソン … p.50、55

材 料

樹脂粘土（**グレイス**）
アクリル絵具（**リキテックス ソフトタイプ**）
　〈Ⅰ:パーマネントサップグリーン〉

準 備

p.11の要領で、粘土をアクリル絵具〈Ⅰ〉で黄
緑に着色する。

作 り 方

①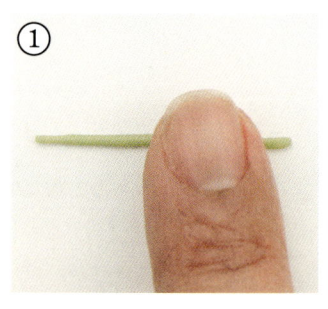
着色した粘土から直径
4mmくらいの丸玉を取
り、棒状にのばす。

②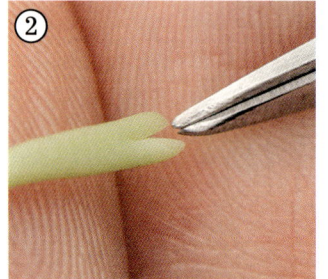
先端にはさみで切り込
みを入れる。

③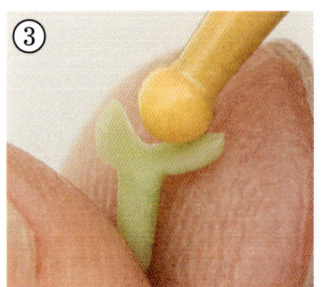
切った部分を広げ、シ
ュガークラフト用の細
工棒などでつぶす。

④
①〜③と同様にしても
う1本作り、好きな長
さに調整して③に貼り
つける。

⑤
着色した粘土で直径1
〜2mmの丸玉を作り、
シュガークラフト用の
細工棒などでつぶす。
同様にもう1枚作る。

⑥
⑤を④の茎の部分に貼
りつける。

青じそ

葉飾り

青じそ … p.58〜59
葉飾り … p.60

…p.58〜59 …p.60

材料

造形用パテ（**エポキシ造形パテ〈速硬化タイプ〉**）
シリコーン型取り材（**ブルーミックス**）
樹脂粘土（**グレイス**）
アクリル絵具（**リキテックス ソフトタイプ**）
　〈**１：パーマネントサップグリーン**〉

準備

p.11の要領で、粘土をアクリル絵具〈I〉で黄緑や緑に着色し、カラースケールIで計量する（直径2cm）。

作り方

① p.16の①〜③の要領で**エポキシ造形パテ**を土台の上に広げたら、粘土ヘラ（**ステンレスモデラ**）で葉っぱの形を描き、余分なパテを取り除く。

② 青じそは粘土ヘラ（**ステンレスモデラ**）で縁に切り込みを入れる。

③ 青じそ　約1.3cm　約1.8cm

粘土ヘラ（**ステンレスモデラ**）で葉脈を描いて原型を作り、p.16〜17の⑦〜⑨の要領で**ブルーミックス**をかぶせて硬化させ、型を作る。着色した粘土を型に詰め、型から出す。

粘土の量が多ければ指ですり切り、少なければ粘土を足して平らにします。

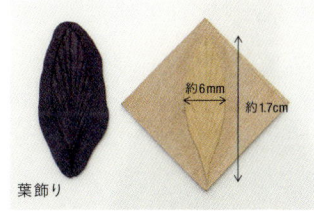

葉飾り　約6mm　約1.7cm

かいわれ大根 … p.51、55

…p.51、55

材料

樹脂粘土（**グレイス**）
アクリル絵具（**リキテックス ソフトタイプ**）
　〈**１：パーマネントリップグリーン**〉

作り方

無着色の粘土で、クレソン（p.100）の作り方①〜③と同様に作る。好きな長さで切り、アクリル絵具〈I〉を塗る。

先端は濃く、下は薄く塗り、グラデーションに。

トマト

… p.19〜20、27、49、51〜52、55〜57

~~~~~~
材 料
~~~~~~

樹脂粘土（**グレイス**）
アクリル絵具（**リキテックス ソフトタイプ**）
　〈**E：カドミウムフリーレッドミディアム**〉
　〈**C：イエローオキサイド**〉
UV‑LEDレジン（**月の雫**）
レジン用着色剤（**宝石の雫**）
　〈**イエロー**〉〈**グリーン**〉

~~~~~~
準 備
~~~~~~

p.11の要領で、実は粘土をアクリル絵具〈E〉
で赤に着色し、種はアクリル絵具〈C〉で薄
い黄色に着色する。

~~~~~~
作 り 方
~~~~~~

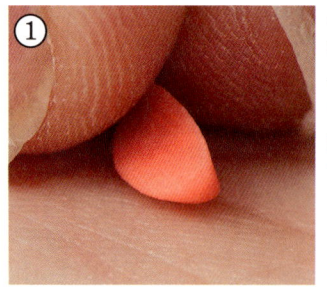

① 赤に着色した粘土で直径5〜6mmの丸玉を作り、指でつまんでくし形に整える。
輪切りは円形にし、指でつまんで縁を立てます。

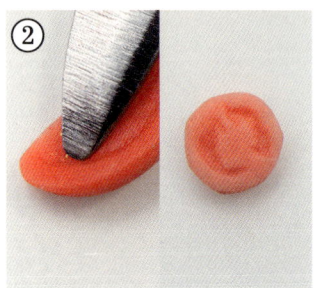

④ 薄い黄色に着色した粘土で直径約1mmの丸玉を作り、細長い棒状にのばす。乾燥させ、カッターで細かく切って種を作る。

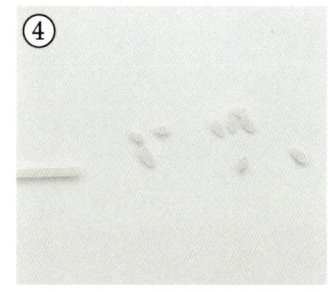

② 粘土ヘラ（**ステンレスモデラ**）で押さえ、内側にくぼみを作る。

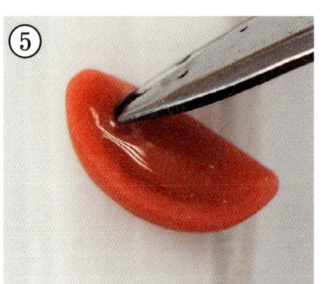

⑤ UV‑LEDレジンにイエローとグリーンの着色剤を混ぜて薄い黄緑に着色し、②のくぼみの中に入れる。
フックに両面テープを巻きつけた台（p.135）の上にのせると作業しやすい。

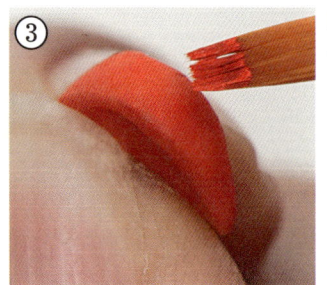

③ 皮の部分にアクリル絵具〈E〉を塗る。

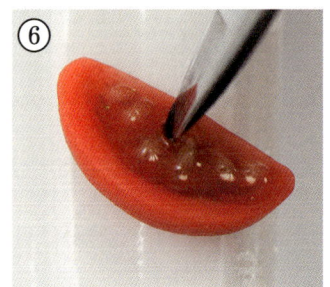

⑥ ④の種を中に入れ、UV‑LEDライトにあててかためる。

レタス … p.19〜20、27

材料

樹脂粘土（グレイス）
アクリル絵具（リキテックス ソフトタイプ）
　〈C：イエローオキサイド〉
　〈H：パーマネントグリーンライト〉

準備

p.11の要領で粘土をアクリル絵具〈C〉、〈H〉
で黄緑に着色。

作り方

着色した粘土で直径5〜6mmの丸玉を作り、プレス器でつぶす。粘土ヘラ（ステンレスモデラ）でしわを寄せながら広げ、形を整える。

せん切りキャベツ … p.19、27

材料

樹脂粘土（グレイス）
アクリル絵具（リキテックス ソフトタイプ）
　〈C：イエローオキサイド〉
　〈H：パーマネントグリーンライト〉

準備

p.11の要領で粘土をアクリル絵具〈C〉、〈H〉
で黄緑に着色。

作り方

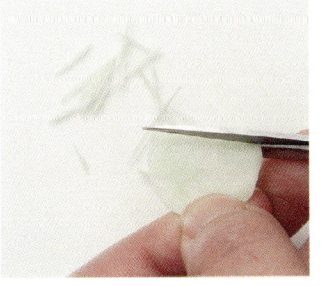

着色した粘土で直径5〜6mmの丸玉を作り、プレス器でつぶす。粘土ヘラ（ステンレスモデラ）で広げ、乾燥させたらはさみで細く切る。

サニーレタス … p.22、27、53

材料

樹脂粘土（グレイス）
アクリル絵具（リキテックス ソフトタイプ）
　〈C：イエローオキサイド〉
　〈H：パーマネントグリーンライト〉
　〈E：カドミウムフリーレッドミディアム〉
　〈N：ウルトラマリンブルー〉

準備

p.11の要領で粘土をアクリル絵具〈C〉、〈H〉
で黄緑に着色。

作り方

① 着色した粘土で直径5〜6mmの丸玉を作り、プレス器でつぶす。粘土ヘラ（ステンレスモデラ）でしわを寄せながら広げ、縁を切るようにしてギザギザにする。

② 乾燥させたら、アクリル絵具〈E〉、〈N〉を塗る。下は色をつけず、上から下に向かって線を描くように塗ります。2色を筆に交互につけながらラフに塗るのがコツ。p.53は全体にアクリル絵具〈I：パーマネントサップグリーン〉を塗ります。

ブロッコリー … p.19〜20、25〜27

… p.19〜20、25〜27

材料

樹脂粘土（グレイス）
アクリル絵具（リキテックス ソフトタイプ）
　〈C：イエローオキサイド〉
　〈H：パーマネントグリーンライト〉
　〈I：パーマネントサップグリーン〉
木工用ボンド

準備

p.11の要領で粘土をアクリル絵具〈C〉、〈H〉
で黄緑に着色。

作り方

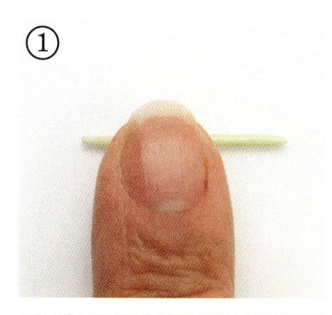

① 着色した粘土で直径4
〜5mmの丸玉を作り、
2.5cm長さの棒状にの
ばす。10分ほどおいて
少し乾燥させる。
完全に乾燥させると、は
さみで切れなくなるので
注意。

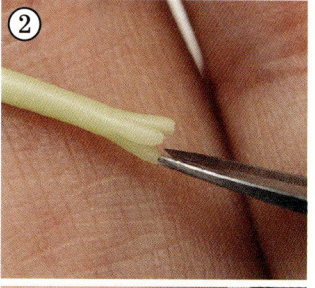

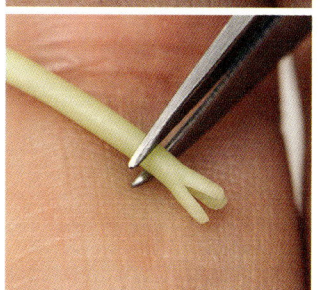

② はさみで縦に3ヵ所切
り込みを入れる。乾燥
させて短く切る。
先端が細い粘土用のはさ
みを使用。

茶こし

粘土を押しあてて房の部分を
作る。100円均一ショップのも
のでOK。

③ 着色した粘土を適当な
大きさに丸め、茶こし
に押しあてる。網目か
ら出てきた粘土を粘土
ヘラ（**ステンレスモデ
ラ**）で少しすくい取る。

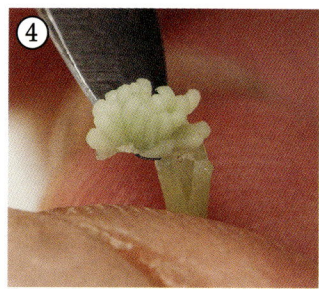

④ ②の先端に木工用ボン
ドを塗り、③の粘土を
貼りつける。同様にく
り返し、3つに分かれ
た先端にそれぞれ房を
つける。

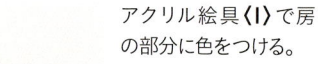

⑤ アクリル絵具〈I〉で房
の部分に色をつける。

きゅうり … p.22、27
スティックきゅうり … p.53

… p.22、27 … p.53

材料

樹脂粘土（グレイス）
アクリル絵具（リキテックス ソフトタイプ）
　〈C：イエローオキサイド〉
　〈I：パーマネントサップグリーン〉

準備

p.11の要領で粘土をアクリル絵具〈C〉
で薄い黄色に着色。

作り方

①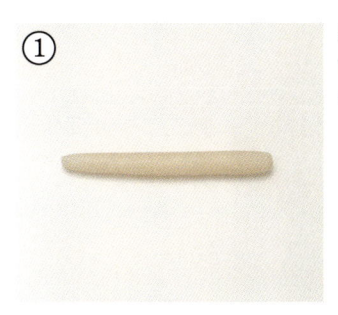

着色した粘土で直径約
1.3cmの丸玉を作り、
6cm長さの棒状にのば
し、乾燥させる。

③

絵具が乾いたら、カッ
ターで好みの大きさに
切る。

②

アクリル絵具〈I〉で色
を塗る。
線を描くようにアバウト
に塗ります。

スティックきゅうり

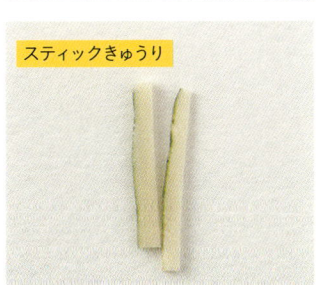

きゅうりの作り方①〜
②のあと、カッターで
スティック状に切る。

煮卵　　　ゆで卵

ゆで卵 … p.49、51〜52、55〜57
煮卵 … p.55、59〜60

… p.49、51〜52、55〜57
… p.55、59〜60

材料

シリコーン型取り材 (**ブルーミックス**)
樹脂粘土 (**グレイス**)
アクリル絵具 (**リキテックス ソフトタイプ**)
　〈**G：チタニウムホワイト**〉
　〈**K：ローシェンナ**〉
　〈**D：ビビッドレッドオレンジ**〉
ＵＶ－LEDレジン (**月の雫**)

準備

p.11の要領で、ゆで卵は粘土にアクリル絵具
〈**G**〉を混ぜ、煮卵はアクリル絵具〈**K**〉で薄い
黄土色に着色する。ともにカラースケール **D**
〜**E**で計量する (直径7〜8mm)。

作り方

①

ブルーミックスで直径
3〜4mmの丸玉を作る。

②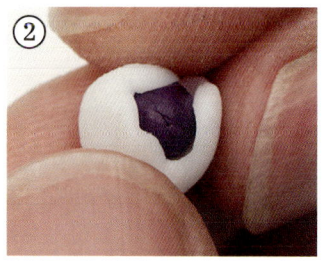

着色した粘土で①を包
み、乾燥させる。

③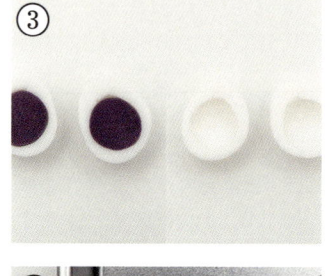

カッターで半分に切り、
爪楊枝で中の**ブルーミ
ックス**を取り出す。

④

粘土にアクリル絵具
〈**D**〉を混ぜて黄身の色
を作り、ＵＶ-LEDレジ
ンとあえ、ゆるめる。

⑤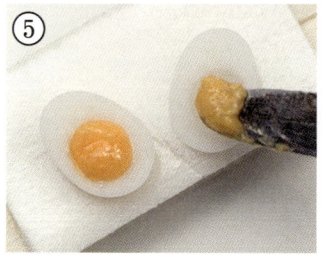

③の中に④を入れる。

⑥

表面は平らにせず、粘
土ヘラ (**ステンレスモデ
ラ**) でさわって凹凸を
作る。ＵＶ-LEDライ
トにあててかためる。

ゆで卵の輪切り … p.27

… p.27

… p.51、55

材料

樹脂粘土（グレイス）
アクリル絵具（リキテックス ソフトタイプ）
　〈F：カドミウムフリーイエローディープ〉
　〈D：ビビッドレッドオレンジ〉
　〈G：チタニウムホワイト〉

準備

p.11の要領で粘土を着色する。
黄身：アクリル絵具〈F〉、〈D〉で黄色に着色。
白身：アクリル絵具〈G〉で白に着色。

作り方

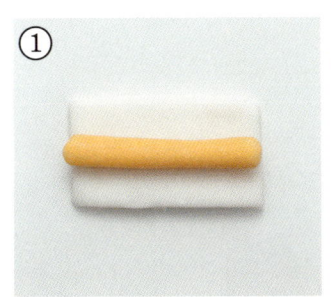

① 黄色に着色した粘土で直径約1cmの丸玉を作り、3.5cm長さの棒状にして乾燥させる。白の粘土で直径約1.5cmの丸玉を作り、約4cm幅にのばし、四方を切って長方形にする。中央に黄色の粘土をのせる。

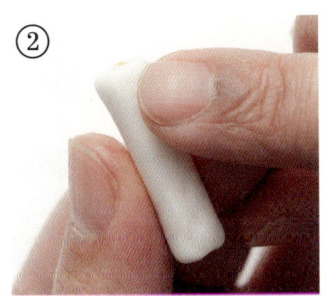

② しっかり包み、つなぎ目を指でなじませる。

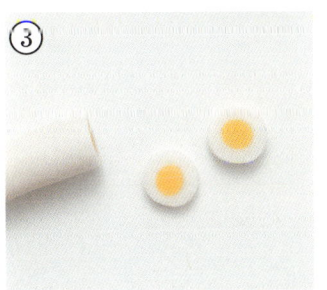

③ 乾燥させ、カッターで輪切りにする。

サーモン … p.51、55

材料

樹脂粘土（グレイス）
アクリル絵具（リキテックス ソフトタイプ）
　〈D：ビビッドレッドオレンジ〉
　〈E：カドミウムフリーレッドミディアム〉

準備

p.11の要領で、粘土をアクリル絵具〈D〉、〈E〉でピンクに着色し、カラースケールEで計量する（直径8mm）。

作り方

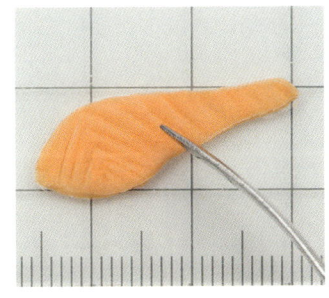

P.108のさけの作り方①と同様にしてサーモンの形を作り、粘土ヘラ（**ステンレスモデラ**）で筋を描く。
ものさしなどの上に置くと向きを変えながら作業できます。

さけ … p.58

〜〜〜
材料
〜〜〜

樹脂粘土（**グレイス**）
アクリル絵具（**リキテックス ソフトタイプ**）
　〈**D：ビビッドレッドオレンジ**〉
　〈**E：カドミウムフリーレッドミディアム**〉
　〈**O：ブライトシルバー**〉
　〈**N：ウルトラマリンブルー**〉
　〈**P：アイボリーブラック**〉
　〈**B：トランスペアレントバーントシェンナ**〉
　〈**A：トランスペアレントバーントアンバー**〉

〜〜〜
準備
〜〜〜

p.11の要領で、粘土をアクリル絵具〈**D**〉、
〈**E**〉でピンクに着色し、カラースケール **H**
で計量する（直径1.5cm）。

〜〜〜
作り方
〜〜〜

①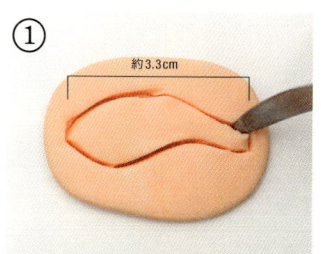
着色した粘土を楕円形
にのばし、粘土ヘラ（**ス
テンレスモデラ**）でさけ
の形を描き、余分な粘
土を取り除く。

（約3.3cm）

②
皮の部分に歯ブラシを
あてて質感をつける。

③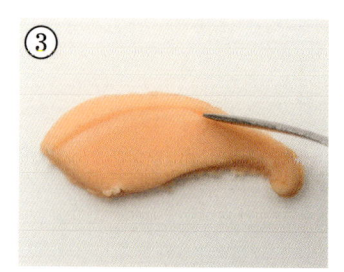
粘土ヘラ（**ステンレスモ
デラ**）で皮と身の境目
に筋を入れる。

④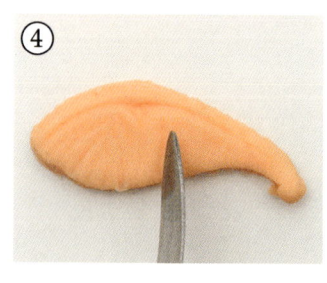
背側と腹側に分けて表
面に粘土ヘラ（**ステン
レスモデラ**）で筋を入
れ、乾燥させる。

⑤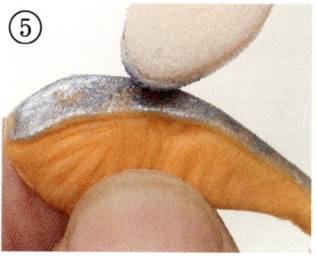
アクリル絵具〈**O**〉、〈**N**〉
を適当に混ぜながら、
皮に塗る。
メイクチップでたたくよう
にして塗ると、ほどよい
グラデーションができて
リアルになります。

⑥
アクリル絵具〈**O**〉、〈**N**〉
を適当に混ぜながら、
重ね塗りをする。
メイクチップは洗わずに
色を重ねてOK。

⑦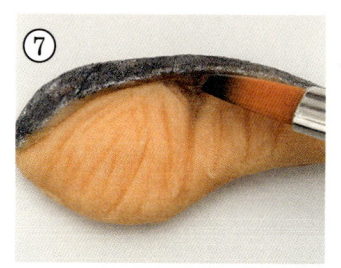
アクリル絵具〈**P**〉を背
側と腹側の境目に塗
り、血合いを表現する。

⑧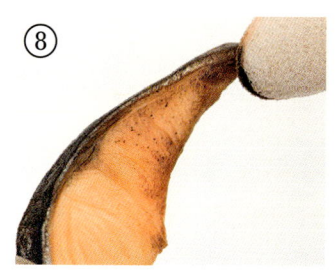
アクリル絵具〈**B**〉、〈**A**〉
を適当に混ぜながら、
皮と表面のところどこ
ろに焼き色をつける。

さば … p.59

材料

樹脂粘土（**グレイス**）
アクリル絵具（**リキテックス ソフトタイプ**）
　〈Q：パールホワイト〉
　〈O：ブライトシルバー〉
　〈N：ウルトラマリンブルー〉
　〈P：アイボリーブラック〉
　〈B：トランスペアレントバーントシェンナ〉
　〈A：トランスペアレントバーントアンバー〉

準備

p.11の要領で、粘土をカラースケール**H**で
計量する（直径1.5cm）。

作り方

①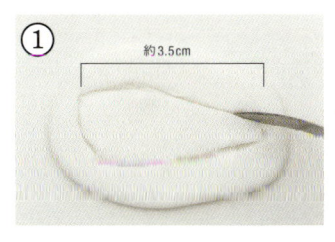
約3.5cm

粘土を楕円形にのば
し、粘土ヘラ（**ステン
レスモデラ**）でさばの
形を描き、余分な粘土
を取り除く。

②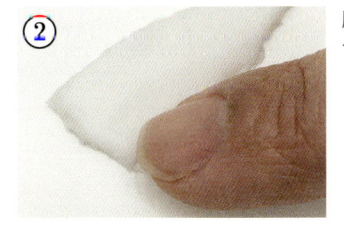

腹の部分を指で押さえ
て少しへこませる。

③

爪楊枝で頭と尻尾の先
をつつき、ボソボソさせ
る。

④

背の部分はピンセット
でつまんで皮の質感を
出し、乾燥させる。

⑤

全体をアクリル絵具〈**Q**〉
で塗る。
メイクチップでたたくよう
にして塗ると、ほどよい
グラデーションができて
リアルになります。

⑥

アクリル絵具〈**O**〉、〈**N**〉
を適当に混ぜながら、
皮の部分を塗る。

⑦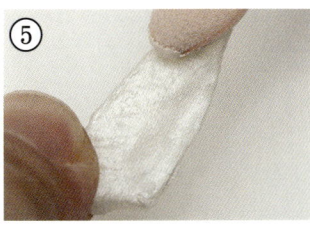

アクリル絵具〈**O**〉、〈**N**〉
を適当に混ぜながら、
重ね塗りをする。
メイクチップは洗わずに
色を重ねてOK。

⑧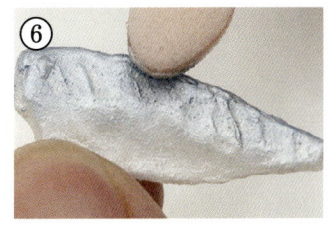

細筆にアクリル絵具〈**P**〉
をつけ、皮の部分に波
線を描く。

⑨

アクリル絵具〈**B**〉、〈**A**〉
を適当に混ぜながら塗
り、表面のところどころ
に焼き色をつける。

ひじきの煮物 … p.58

… p.58

材料

カラー粘土（グレイスカラー　ブラック）
樹脂粘土（グレイス）
アクリル絵具（リキテックス ソフトタイプ）
　〈C：イエローオキサイド〉
　〈I：パーマネントサップグリーン〉
せん切りのにんじん（p.95）
UV-LEDレジン（月の雫）

準備

p.11の要領で、下記のように粘土を着色する。
大豆：粘土をアクリル絵具〈C〉で薄い黄色に着色する。
枝豆：粘土をアクリル絵具〈I〉で黄緑に着色する。
油揚げ：粘土をアクリル絵具〈C〉で薄い黄色に着色し、カラースケール**B**で計量する（直径5mm）。

作り方

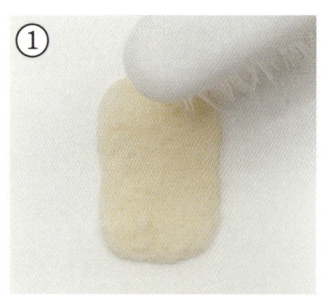

① 油揚げを作る。着色した粘土を1.5cm×8mmの長方形にのばし、歯ブラシをあてて質感をつける。

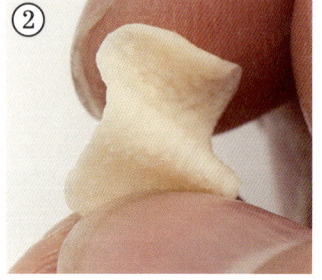

② ギャザーを寄せ、乾燥させる。

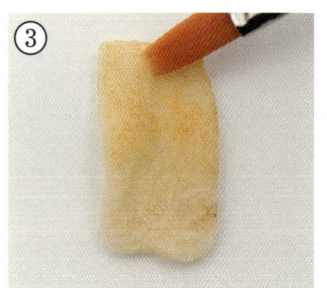

③ 表面のところどころにアクリル絵具〈C〉を塗り、カッターで細長く切る。

④ ひじきは黒のカラー粘土を6mm〜1cm長さにのばし、にんじんも同じくらいの長さで用意する。大豆と枝豆は着色した粘土で直径約2mmの楕円粒を作る。

⑤ UV-LEDレジンをかけて粘土ヘラ（**ステンレスモデラ**）で全体をあえ、爪楊枝で形を整える。UV-LEDライトにあててかためる。

きんぴらごぼう … p.59

… p.59

材料 工作用などの木材
せん切りのにんじん (p.95)
アクリル絵具 (**リキテックス ソフトタイプ**)
　〈A：トランスペアレントバーントアンバー〉
ＵＶ−LEDレジン (**月の雫**)

作り方

① 木材を彫刻刀で細く
削り（8mm 〜 1.2cm 長
さ）、アクリル絵具 **〈A〉**
を筆でたたくように
して塗る。
全体に色をつけず、まだ
らな状態でOK。

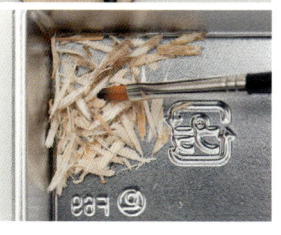

② ①とにんじんのパーツ
を用意し（6mm〜1cm
長さ）、ＵＶ−LEDレジ
ンをつけて全体をあ
え、形を整える。ＵＶ−
LEDライトにあててか
ためる。

がんも … p.58、60

… p.58、60

材料 樹脂粘土 (**グレイス**)
アクリル絵具 (**リキテックス ソフトタイプ**)
　〈C：イエローオキサイド〉
ひじき (p.110)
せん切りのにんじん (p.95)

準備 p.11の要領で、粘土をアクリル絵具 **〈C〉** で
薄い黄色に着色し、丸形はカラースケール
C（直径 6mm）、俵形は **B**（直径 5mm）で
計量する。

作り方

① ひじきとにんじんのパー
ツをカッターで細か
く切る。

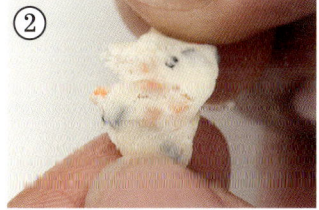

② 着色した粘土に①のパ
ーツを混ぜ合わせる。

③ 丸形か俵形に形を整
え、ピンセットでつま
み、しわを寄せる。

漬物 … p.58〜60

材料
樹脂粘土（**グレイス**）
アクリル絵具（**リキテックス ソフトタイプ**）
　〈**C：イエローオキサイド**〉
　〈**I：パーマネントサップグリーン**〉
　〈**L：リキテックスイエロー**〉
アクリル絵具（**ターナー ジャパネスクカラー**）
　〈**えんじ色**〉
着色剤（**カラー粘土の達人**）
　〈**ブルーベリー**〉

準備
p.11の要領で、粘土を次のように着色し、計量する。
　きゅうり、なす：アクリル絵具〈**C**〉で薄い黄色に着色し、カラースケール **F** で計量する（直径1cm）。
　柴漬け：えんじ色のアクリル絵具で紫色に着色し、カラースケール **D** で計量する（直径7mm）。
　梅干し：えんじ色のアクリル絵具でえんじ色に着色し、直径 2mm の丸玉を作る。
　たくあん：アクリル絵具〈**L**〉で黄色に着色し、カラースケール **G** で計量する（直径1.3cm）。

作り方

① **きゅうり・なす・柴漬け**

着色した粘土を3.5cm長さの棒状にのばし、ピンセットでつまんでしわを寄せる。
きれいな棒ではなく、少しいびつな形にします（柴漬けはやや細めにする）。

梅干し

着色した丸玉をピンセットでつまんでしわを寄せる。

②

きゅうりはアクリル絵具〈**I**〉、なすはブルーベリー色の着色剤、柴漬けはえんじ色の絵具を塗る。
線を描くように塗り、ムラがあって地色が見えてもOK。

たくあん

着色した粘土を5cm長さの棒状にのばし、ピンセットでつまんでしわを寄せる。カッターで薄切りにする。

③

カッターで斜め薄切りか輪切りにし、きゅうりとなすは表面のところどころにアクリル絵具〈**C**〉を塗る。
漬物の味がしみた質感を出します。

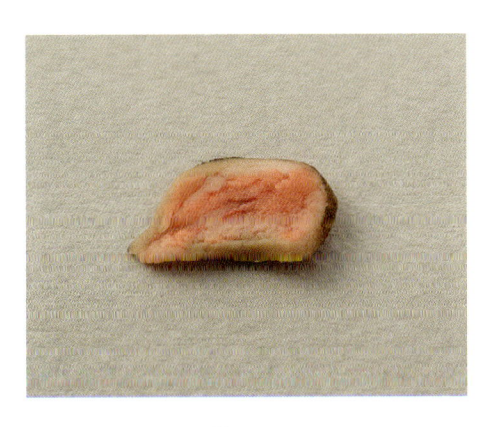

ローストビーフ … p.53

〰〰
材料　樹脂粘土（グレイス）
　　　アクリル絵具（リキテックス ソフトタイプ）
　　　〈B：トランスペアレントバーントシェンナ〉
　　　〈E：カドミウムフリーレッドミディアム〉
　　　〈A：トランスペアレントバーントアンバー〉
　　　ニス（ツヤあり）

〰〰
準備　p.11の要領で、粘土をアクリル絵具〈B〉、〈E〉で
　　　ピンクに着色し（内側用）、カラースケールⅠ
　　　で計量する（直径2cm）。粘土をアクリル絵具
　　　〈A〉で薄い茶色に着色し（外側用）、カラース
　　　ケールHで計量する（直径1.5cm）。

〰〰
作り方

①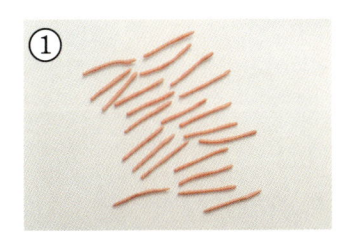
　内側用の粘土をカラースケールDで計量し（直径7mm）、約4cm長さにのばす。残りも同様にする（約20本できる）。

②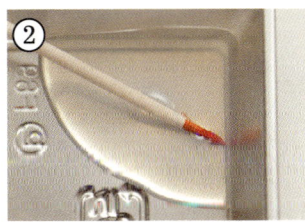
　ニスにアクリル絵具〈E〉を混ぜ合わせ、油脂部分を作る。

③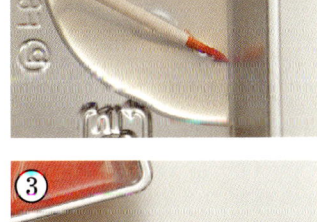
　①の粘土を4本並べて②を塗り、上に再び①の粘土を4本重ねる。

④
　③をくり返し、ブロック状になるように上に重ねていく。

⑤
　外側用の粘土を手でのばし、直径約5cmの円形にする。

⑥
　⑤で④を包み、歯ブラシをあてて質感を強めにつける。
　内側の粘土が完全に隠れるようにしっかり貼りつけます。

⑦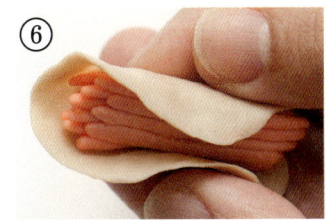
　アクリル絵具〈B〉、〈A〉を塗って焼き色をつける。乾燥したら裏面も同様に塗る。
　アクリル絵具〈B〉をベースに、〈A〉をところどころに塗って焦げ色を表現。

⑧
　カッターで薄く切る。
　カッターにオイルを塗ると粘土がくっつかず、切りやすくなります。

⑨
　質感をつけた後　質感をつける前
　断面に歯ブラシをあて、油脂（ニスの部分）をなじませて質感をつける。

パストラミビーフ … p.54

… p.54

材料
樹脂粘土（**グレイス**）
アクリル絵具（**リキテックス ソフトタイプ**）
　〈R：パーマネントアリザリンクリムソンヒュー〉
　〈B：トランスペアレントバーントシェンナ〉
　〈A：トランスペアレントバーントアンバー〉
木工用ボンド
Rストーン

準備
p.11の要領で、粘土をアクリル絵具〈R〉で薄い
ピンクに着色し、カラースケール I で計量する
（直径2cm）。無着色の粘土をカラースケール
G で計量する（直径1.3cm）。

Rストーン（モーリン）

ジオラマ模型などに使われる
砂状の素材。粒の大きさや色
などいろいろな種類があり、
ここでは **No.456バラスト I/87
ローカル**を使用。

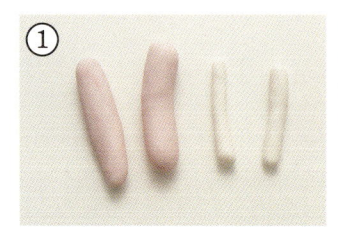
作り方

① ピンクの粘土、無着色
の粘土をそれぞれ2等
分にし、約2cm長さに
のばす。

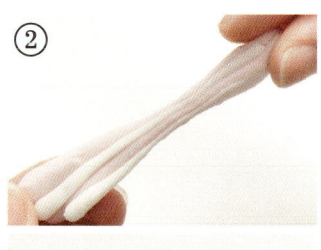
② 2色を交互に並べ、の
ばしながらマーブル状
に混ぜ、約4cm長さ
に整える。

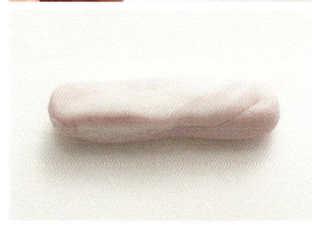

③ 上面に歯ブラシをあ
て、質感をつける。

④ カッターで薄く切る。
カッターにオイルを塗る
と粘土がくっつかず、切
りやすくなります。

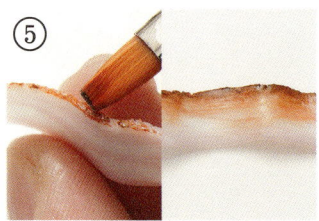
⑤ 断面の上側と縁にアク
リル絵具〈B〉、〈A〉を塗
って焼き色をつける。
アクリル絵具〈B〉をベー
スに、〈A〉をところどころ
に塗って焦げ色を表現。

⑥ 縁にボンドを塗り、R ス
トーンを貼りつける。

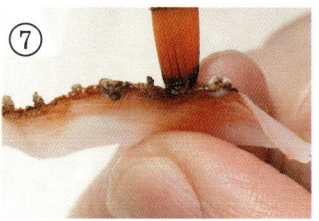
⑦ 乾燥したらRストーン
にアクリル絵具〈A〉を
塗る。

カマンベールチーズ

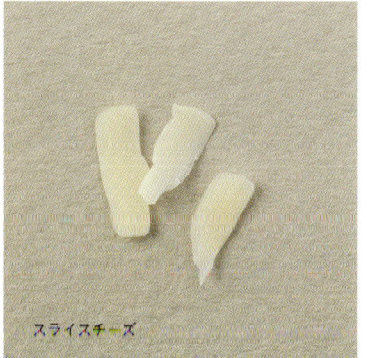
スライスチーズ

カマンベールチーズ
… p.50、55、69

スライスチーズ
… p.49、55

材料

樹脂粘土（グレイス）
アクリル絵具（リキテックス ソフトタイプ）
　〈C：イエローオキサイド〉
　〈G：チタニウムホワイト〉

準備

p.11の要領で、粘土をアクリル絵具〈C〉で
薄い黄色に着色し、カラースケールEで計
量する（直径8mm）。

作り方

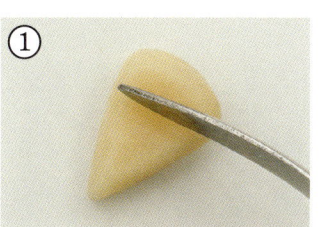
① 着色した粘土で三角形
のチーズの形をつくり、
粘土ヘラ（ステンレス
モデラ）で上面に軽く
筋を入れ、乾燥させる。

② アクリル絵具〈G〉をた
たくようにして軽く塗
る。

③ スライスチーズを作る
場合は、②をカッター
で薄く切る。

ハム　… p.49、55

材料

樹脂粘土（グレイス）
アクリル絵具（リキテックス ソフトタイプ）
　〈E：カドミウムフリーレッドミディアム〉
カラー粘土（グレイスカラー ホワイト）

準備

p.11の要領で、粘土をアクリル絵具〈E〉でピン
クに着色する。

作り方

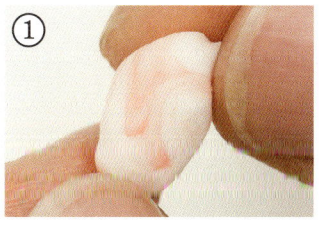
① ピンクの粘土と白い粘
土を2：1の割合で用
意し、軽く混ぜてマー
ブル状にする。

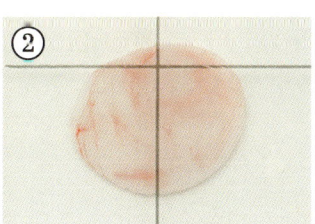
② ①の粘土から1枚あた
り直径3〜4mmを取り、
ものさしなどで薄くつ
ぶす。カールをつけ、
乾燥させる。

サラミ … p.54

… p.54

材料

樹脂粘土（**グレイス**）
アクリル絵具（**リキテックス ソフトタイプ**）
〈R：**パーマネントアリザリンクリムソンヒュー**〉

準備

p.11の要領で、粘土をアクリル絵具〈R〉で濃いピンクに着色し、カラースケール**G**で計量する（直径1.3cm）。無着色の粘土をカラースケール**E**で計量する（直径8mm）。

作り方

①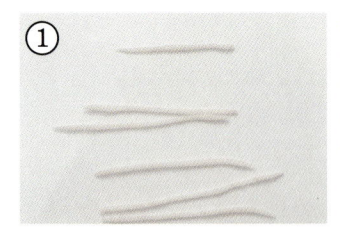

無着色の粘土をカラースケール**B**（直径5mm）に詰めて取り分け、それぞれ4〜5cm長さにのばす（5〜6本できる）。

②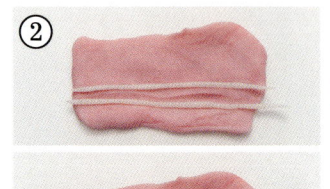

着色した粘土を広げ、手前に①を2本くらいのせ、ひと巻きする。残りの①を1〜2本ずつのせながらそのつど巻いていく。

③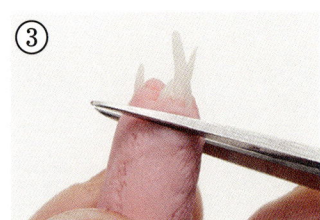

はみ出た粘土を切り、歯ブラシをあてて質感をつけ、乾燥させる。

④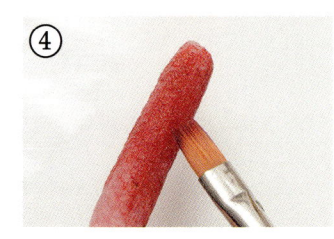

表面にアクリル絵具〈R〉を塗り、絵具が乾いたらカッターで輪切りにする。
カッターにオイルを塗ると粘土がくっつかず、切りやすくなります。

大根おろし … p.59

… p.59

材料

UV-LEDレジン（**月の雫**）
シーナリーパウダー（p.39）

作り方

UV-LEDレジンとシーナリーパウダーを混ぜ、器に盛り、UV-LEDライトにあててかためる。

クルトン … p.54

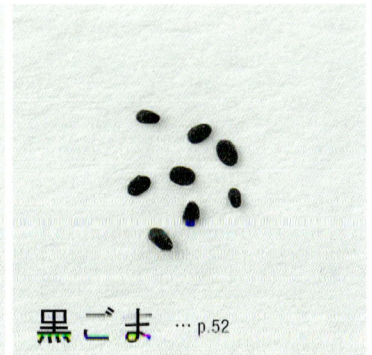

黒ごま … p.52

材料

クルトン
樹脂粘土（グレイス）
アクリル絵具（リキテックス ソフトタイプ）
　〈C：イエローオキサイド〉
　〈K：ローシェンナ〉

黒ごま
カラー粘土（グレイスカラー ブラック）

準備　クルトンは p.11 の要領で、粘土をアクリル絵具〈C〉で薄い黄色に着色する。

作り方

① クルトン

着色した粘土で直径約1cmの丸玉を作り、平らにつぶして乾燥させる。両面にアクリル絵具〈K〉を塗る。

②

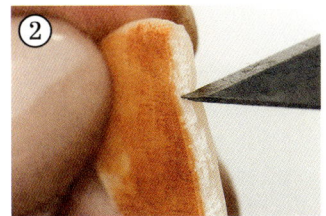

絵具が乾いたら、カッターで半分に切り、断面を削って荒らし、小さく切る。

黒ごま

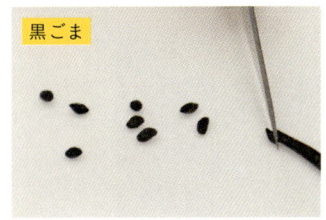

黒のカラー粘土を針のように細長くのばし、乾燥させる。デザインナイフで斜めに小さく切る。

パセリ
… p.22 〜 24

粉チーズ
… p.23

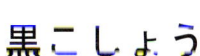

黒こしょう
… p.22 〜 23、50

材料　樹脂粘土（グレイス）
カラー粘土（グレイスカラー グリーン、ブラウン）
アクリル絵具（リキテックス ソフトタイプ）
　〈C：イエローオキサイド〉

準備　粉チーズは p.11 の要領で、粘土をアクリル絵具〈C〉で薄い黄色に着色する。

作り方

パセリはグリーン、黒こしょうはブラウンのカラー粘土、粉チーズは着色した粘土を適当な大きさに丸めて平らにし、乾燥させる。粘土ヘラ（ステンレスモデラ）やカッターで細かく削る。

ハッシュドビーフ … p.57

… p.57

材料
樹脂粘土（**グレイス**）
アクリル絵具（**リキテックス ソフトタイプ**）
　〈**A：トランスペアレントバーントアンバー**〉
UV-LEDレジン（**月の雫**）
レジン用着色剤（**宝石の雫**）
　〈**レッド**〉〈**オレンジ**〉〈**ブラウン**〉
シーナリーパウダー（p.39）

準 備　p.11の要領で、粘土をアクリル絵具〈**A**〉で茶色に着色し、カラースケール**B**で計量する（直径5mm）。

作り方

① 着色した粘土を小さくちぎって指でアバウトに薄くのばし、薄切りの牛肉を作る。

② UV-LEDレジンに着色剤とシーナリーパウダーを混ぜ、①とあえる。UV-LEDライトにあててかためる。
3色の着色剤を様子を見ながら少しずつ加えます。

作り方

① UV-LEDレジンに着色剤を少しずつ混ぜ、好みの色を作る。ポタージュは色を作ったら、シーナリーパウダーを混ぜ、とろみをつける。

② カップの1/3まで注ぎ、UV-LEDライトにあててかためる。同様にあと2回くり返す。
一度に注ぐと硬化不良の原因になるので、3回に分けてかためます。

コーンスープ　じゃがいものポタージュ

かぼちゃのポタージュ　コンソメスープ・だし汁

スープ　… p.49〜51、54、60

… p.49〜51、54、60

材料

UV-LEDレジン（**月の雫**）
レジン用着色剤（**宝石の雫**）
※色は作り方参照
シーナリーパウダー（p.39）

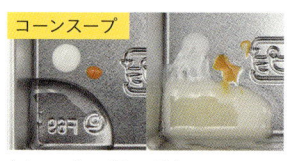

コーンスープ
〈イエロー〉+〈ホワイト〉

じゃがいものポタージュ
〈イエロー〉少々+〈ホワイト〉、シーナリーパウダー

かぼちゃのポタージュ
〈オレンジ〉+〈イエロー〉+〈ホワイト〉、シーナリーパウダー

コンソメスープ・だし汁
〈イエロー〉+〈ブラウン〉

ローストビーフソース　ハンバーグソース

メープルシロップ　溶かしバター

ソース類　… p.50、53 〜 54、56 〜 57

材料

UV-LEDレジン（月の雫）
レジン用着色剤（宝石の雫）
※色は作り方参照

作り方

UV-LEDレジンに着色剤を少しずつ混ぜ、好みの色を作る。UV-LEDライトにあててかためる。

ローストビーフソース　ハンバーグソース
〈レッド〉＋〈オレンジ〉＋〈ブラウン〉
※ハンバーグソースはローストビーフソースよりも濃い茶色に。

メープルシロップ
〈オレンジ〉＋〈ブラウン〉

溶かしバター
〈イエロー〉＋〈ホワイト〉

溶かしチーズ　クロテッドクリーム

アンチョビディップ

クリーム類　… p.50、53、69

材料

樹脂粘土（**グレイス**）
アクリル絵具（**リキテックス ソフトタイプ**）
　〈**G：チタニウムホワイト**〉
　〈**C：イエローオキサイド**〉
　〈**P：アイボリーブラック**〉
　〈**A：トランスペアレントバーントアンバー**〉
木工用ボンド

作り方

粘土とボンド、絵具を混ぜ合わせ、好みの色を作る。

溶かしチーズ・クロテッドクリーム

アクリル絵具〈G〉＋〈C〉
※クロテッドクリームの方を白くする。

アンチョビディップ

アクリル絵具〈G〉＋〈C〉＋〈P〉＋〈A〉

りんご … p.50、55

材料

樹脂粘土（**グレイス**）
アクリル塗料（**デコレーションカラー**）
　〈**レモンシロップ**〉
アクリル絵具（**リキテックス ソフトタイプ**）
　〈**E：カドミウムフリーレッドミディアム**〉

準備

p.11の要領で、粘土をレモンシロップの塗料で
薄い黄色に着色する。

作り方

①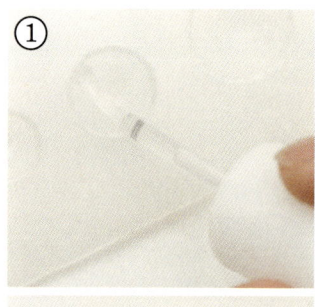

カラースケールの **F** の
くぼみにオイルを塗り、
着色した粘土を詰める。
**オイルを塗っておくと、
粘土がくっつかず、取り
出しやすくなります。**

②

くぼみから粘土を取り
出し、乾燥させる。

③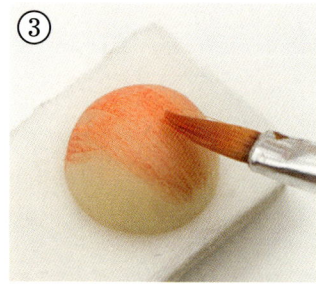

表面にアクリル絵具
〈**E**〉を塗り、皮の部分
を作る。
**割り箸に厚手の両面テ
ープを貼って作業台を作
り、上にのせると着色し
やすいです。線を描くよ
うにしてラフに塗ります。**

④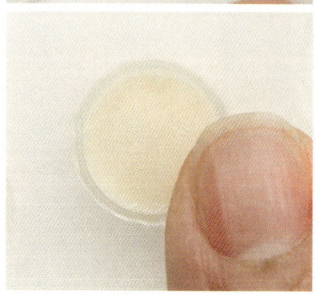

カッターで薄くスライ
スし、中央をくの字に
切り、くし形にする。

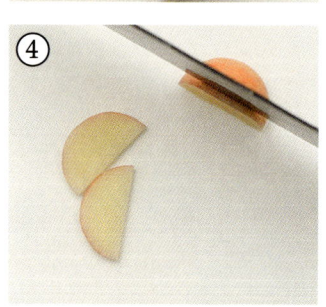

バナナ p.51、55、00

材料 樹脂粘土（グレイス）
アクリル絵具（リキテックス ソフトタイプ）
〈**C：イエローオキサイド**〉
〈**A：トランスペアレントバーントアンバー**〉

準備 p.11の要領で、粘土をアクリル絵具〈**C**〉で薄い黄色に着色し、カラースケール**G**で計量する（直径1.3cm）。

作り方

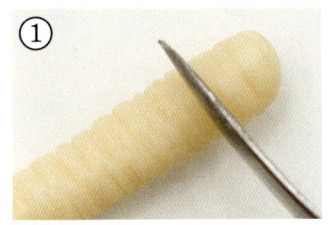

① 着色した粘土を4cm長さの棒状にのばし、粘土ヘラ（**ステンレスモデラ**）で細かく筋を入れて乾燥させる。

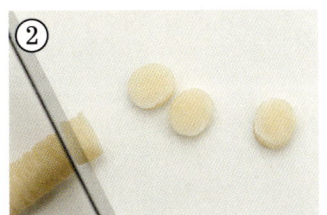

② カッターで切る。

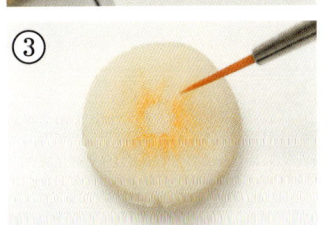

③ アクリル絵具〈**C**〉を極細の筆につけ、中心から放射状に細かく線を描く。

④ アクリル絵具〈**A**〉を極細の筆につけ、中心に種を描く。

いちご p.55、00、08〜09

材料 樹脂粘土（グレイス）
アクリル塗料（デコレーションカラー）
〈**いちごシロップ**〉

作り方

① 粘土で直径5〜6mmの丸玉を作り、爪楊枝に刺す。指で先端をつまみ、いちごの形を作る。

② 爪楊枝を刺して穴をあけ、種の模様を描く。乾燥させる。

③ **デコレーションカラー**〈**いちごシロップ**〉を全体に塗る。

④ 完成。乾燥したらカッターで好みの大きさに切る。

キウイ … p.51、55、68

… p.51、55、68

材料

粘土（**すけるくん**）
カラー粘土（**グレイスカラー ホワイト**）
※カラー粘土の代わりに、樹脂粘土（**グレイス**）に
　白い絵具を混ぜたものでもOK。
アクリル塗料（**デコレーションカラー**）
　〈**レモンシロップ**〉〈**ブルーハワイ**〉
アクリル絵具（**リキテックス ソフトタイプ**）
　〈**P：アイボリーブラック**〉
　〈**G：チタニウムホワイト**〉
　〈**A：トランスペアレントバーントアンバー**〉
木工用ボンド
シーナリーパウダー（p.39）

準備

p.11の要領で、粘土をレモンシロップとブルーハワイの塗料で薄い黄緑に着色し、カラースケール**E**で計量する（直径8mm）。
すけるくんは乾燥すると色が濃くなるので注意。
イメージよりも薄めに着色します。

作り方

① 着色した粘土で楕円を作り、半日くらいおいて半乾きにする。

② カッターで半分に切る。縦に切るか、横に切るかは好みで選んでください。

③ シュガークラフト用の細工棒などで中央にくぼみを作り、乾燥させる。
完全に乾燥させると、くぼみを作れないので半乾きのときに行います。

④ 白いカラー粘土を③のくぼみに詰める。

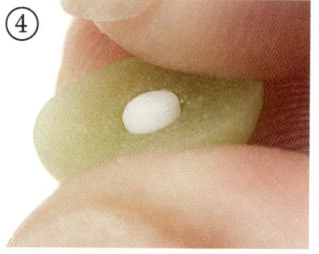

⑤ アクリル絵具〈P〉を極細の筆につけ、白い粘土の周りに種を描く。

⑥ レモンシロップとブルーハワイの塗料を混ぜ、種の上に色を塗る。
スライスで使う場合は、裏面をカットして平らにします。

⑦ 皮つきの場合

アクリル絵具〈G〉を裏面に塗る。

割り箸に厚手の両面テープを貼って作業台を作り、上にのせると着色しやすいです。透け感が出てしまうので最初に白い絵具を塗ります。

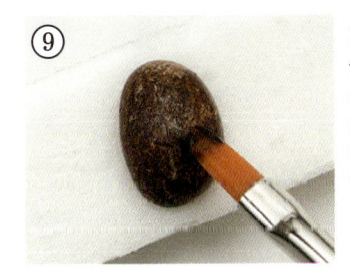

⑨

アクリル絵具〈A〉を全体に塗る。

ボンドとシーナリーパウダーで膜を作ってから着色すると、皮のざらつきが表現できます。

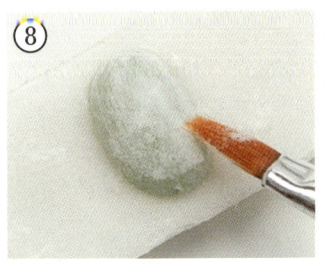

⑧

上からボンドを塗り、シーナリーパウダーを筆で全体にまぶし、乾燥させる。

ブルーベリー … p.55、69

材料 樹脂粘土（グレイス）
カラー粘土（グレイスカラー レッド、ブルー）

準備 p.11の要領で、直径1cmの**グレイス**に、直径8mmの**グレイスカラー**（レッド）と直径1cmの（ブルー）を混ぜて紫に着色する。

作り方

着色した粘土で直径2〜3mmの丸玉を作り、中央を爪楊枝で引っかいてくぼみを作る。乾燥させる。

さくらんぼ … p.67

材料 樹脂粘土（グレイス）
アクリル塗料（デコレーションカラー）
〈レモンシロップ〉〈いちごシロップ〉
フラワー用のワイヤー
木工用ボンド

作り方

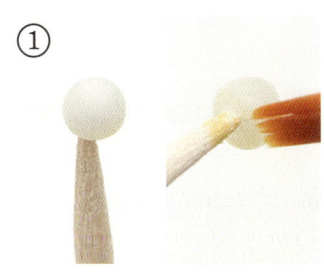

① 粘土で直径約3mmの丸玉を作り、爪楊枝に刺して乾燥させる。爪楊枝を刺した方に**デコレーションカラー**〈レモンシロップ〉を塗る。

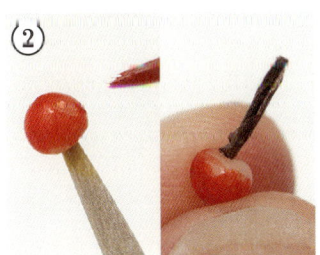

② **デコレーションカラー**〈いちごシロップ〉を全体に塗る。乾いたら楊枝を取る。爪楊枝を刺した方にカットしたフラワー用のワイヤーを木工用ボンドでつける。

オレンジ
… p.68〜69

グレープフルーツ
… p.68

〜材料〜 粘土（**すけるくん**）
アクリル塗料（**デコレーションカラー**）
　〈**オレンジシロップ**〉
　〈**レモンシロップ**〉

〜準備〜 p.11の要領で、粘土を着色する。オレンジはオレンジシロップの塗料で薄いオレンジに、グレープフルーツはレモンシロップの塗料で薄い黄色に着色する。ともにカラースケール**B**で計量する（直径5mm）。
すけるくんは乾燥すると色が濃くなるので注意。イメージよりも薄めに着色します。

〜作り方〜

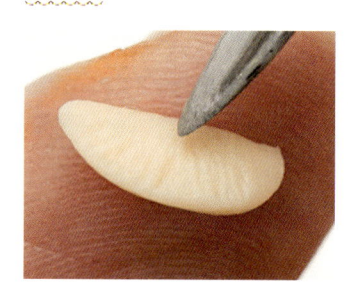

着色した粘土で房の形を作り、粘土ヘラ（**ステンレスモデラ**）で細かく筋を入れる。

ドライクランベリー … p.55

〜材料〜 粘土（**すけるくん**）
エナメル塗料（**タミヤカラー エナメル X-27**）
　〈**クリヤーレッド**〉

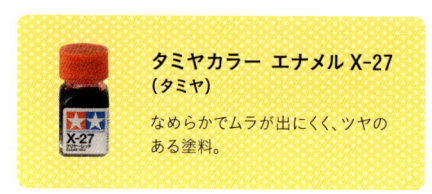

タミヤカラー エナメル X-27
（**タミヤ**）
なめらかでムラが出にくく、ツヤのある塗料。

〜準備〜 p.11の要領で、粘土をクリヤーレッドの塗料でピンクに着色する。
すけるくんは乾燥すると色が濃くなるので注意。イメージよりも薄めに着色します。透明感を出すためクリヤータイプの塗料を使用。

〜作り方〜

①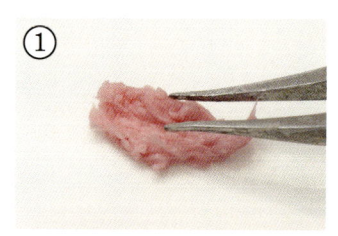

着色した粘土で直径4mmの丸玉を作り、楕円につぶし、ピンセットでつまんでひだを寄せる。乾燥させる。

②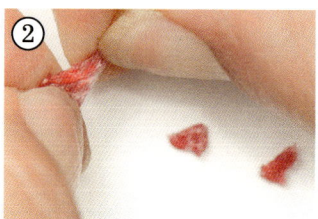

好みの大きさに手でちぎるかカッターで切る。

バニラアイス … p.67

材料
樹脂粘土（**グレイス**）
カラー粘土（**グレイスカラー きつね色**）

準備　p.11の要領で粘土とカラー粘土を混ぜて
（**グレイス**直径約1.3cm＋**グレイスカラー
きつね色**直径約3mm）クリーム色に着色。

作り方

①  着色した粘土で直径約8mmの丸玉を作り、手でちぎってボソボソさせる。

飾りチョコ … p.68

材料

カラー粘土（**グレイスカラー ブラウン**）
樹脂粘土（**グレイス**）
アクリル絵具（**リキテックス ソフトタイプ**）
　〈**C：イエローオキサイド**〉
　〈**G：チタニウムホワイト**〉

②  ①の粘土を**カラースケール**の**D**のくぼみに詰める。
きれいに入れず、粘土がくぼみの外に少しはみ出るようにします。

③  粘土を**カラースケール**から出す。

④ 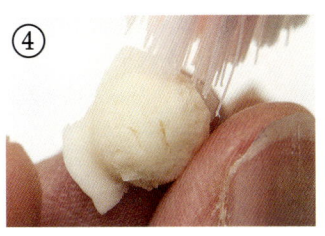 歯ブラシを表面にあてて質感を出す。

⑤  爪楊枝ではみ出ている粘土をちぎり、底にくっつける。これをくり返し、形を整える。

準備

p.11の要領で、チョコレートは直径1.8cmの**グレイス**に直径8mmの**グレイスカラー**（**ブラウン**）を混ぜて焦げ茶に着色し、ホワイトチョコレートは**グレイス**にアクリル絵具〈**C**〉、〈**G**〉を混ぜてクリーム色に着色する。ともにカラースケール**F**で計量し（直径1cm）、約4cm長さの棒状にのばす。定規などで平らにつぶし、カッターで細く切る。

作り方

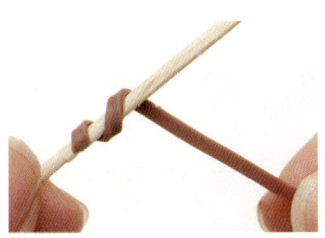 細く切った粘土を爪楊枝に巻きつけ、乾燥したら取りはずす。両端は切り落とし、好みの長さに切る。

ミニチュア食器の作り方

つい集めたくなるミニチュアのお皿やティーカップ。
既製品もありますが、市販の型を使えば簡単に手作りできます。
粘土を使って陶器や洋食器風に、UV-LEDレジンでガラス風に。
木材や割り箸などで木のプレートやカトラリーも作れます。

カフェ風ワンプレートの器

LESSON 2〈p.48〜〉とデザートプレート〈p.68〜69〉で使用した器です。
陶器風に仕上がる石粉粘土でシンプルな平皿を作ります。
ガラス風の器、木の皿やカトラリーも組み合わせて。

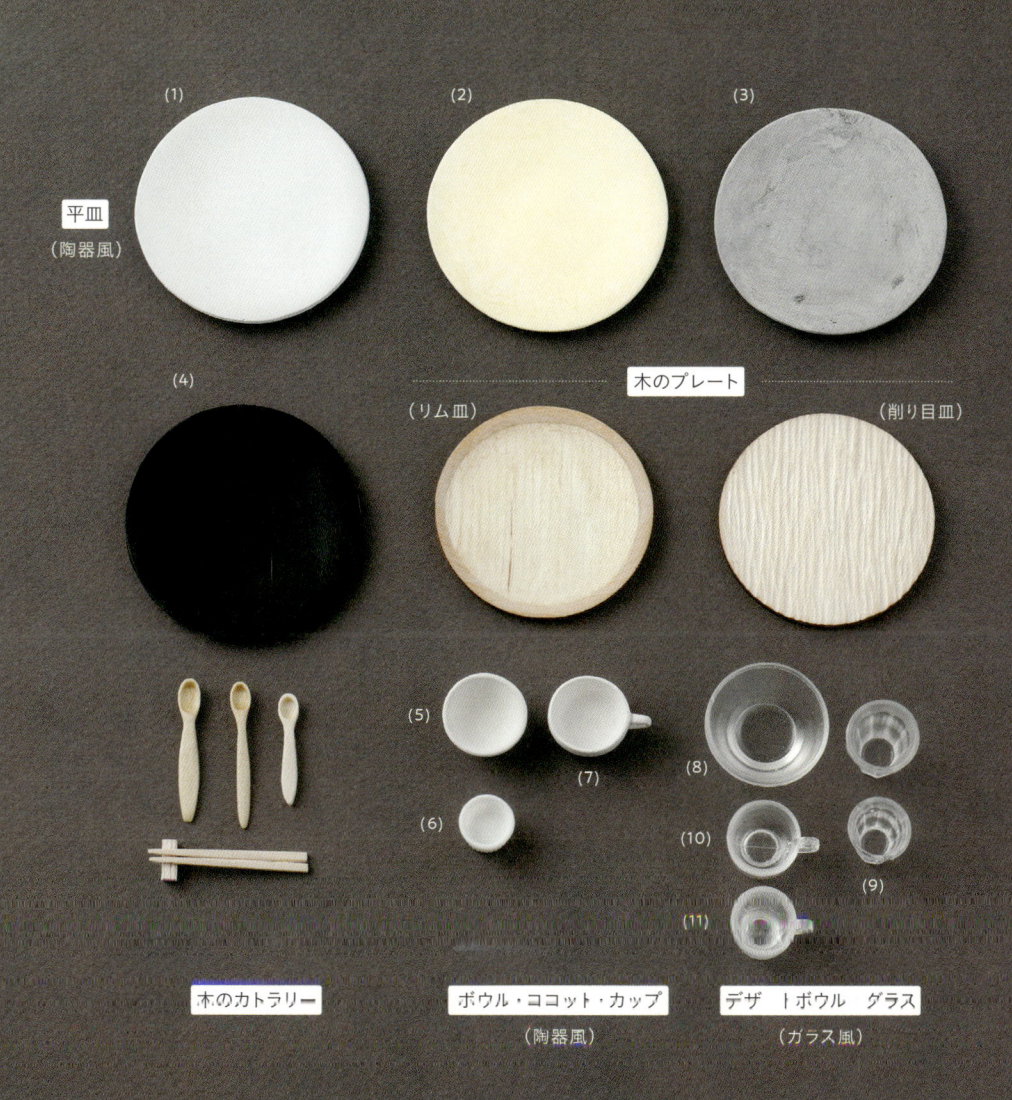

(1)　(2)　(3)

平皿
(陶器風)

(4)　木のプレート

(リム皿)　(削り目皿)

(5)　(7)　(8)

(6)　(10)　(9)

(11)

木のカトラリー　ボウル・ココット・カップ　デザートボウル　グラス
(陶器風)　(ガラス風)

洋食屋さんのごはん＆デザートの器

LESSON 1（p.18～）とデザート（p.66～67）で使用した器です。
作品には使っていませんが、
パフェグラス、カップやソーサーもお好みでどうぞ。

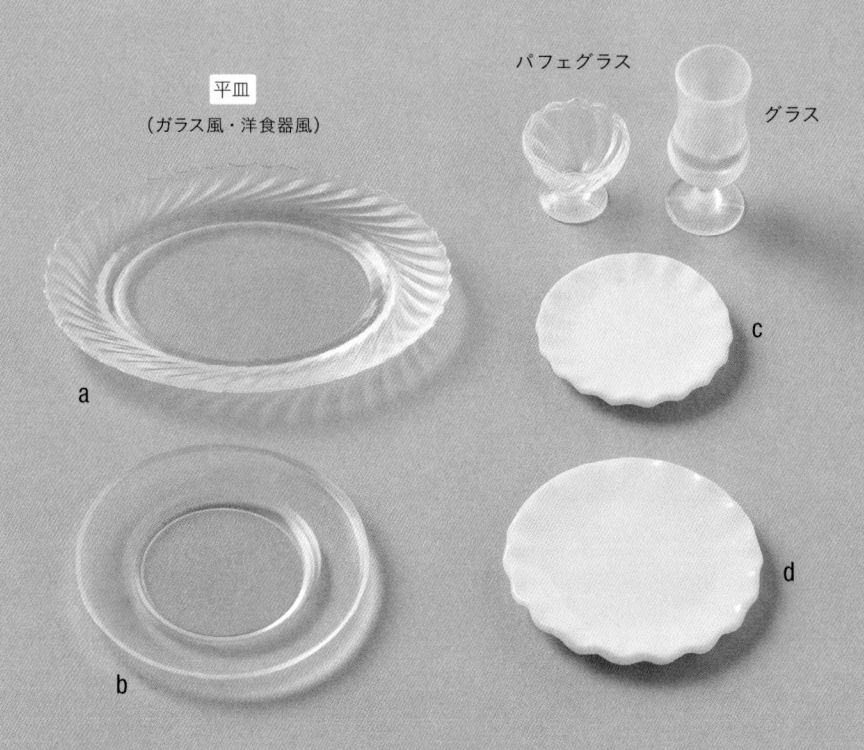

平皿
（ガラス風・洋食器風）

パフェグラス

グラス

a

b

c

d

深皿
（洋食器風）

a

b

ミニボウル

グラタン皿

ソーサー　　カップ

制作協力：小柳律絵

用意するもの

食器作りに使う材料と道具、型を紹介します。作りたいものに合わせて用意してください。

＜主な材料と道具＞

石粉粘土（マイネッタ）
（サン工業）

石粉を原料とした粘土。薄くのびて成形しやすく、陶器風の仕上がりに。乾燥後は優れた強度を保つ。

グレイスジュエリーライン
（サン工業）

粘土表面がさらっとして型抜きしやすく、乾燥後の強度が高いため食器作りにおすすめ。

UV-LED レジン 月の雫
（パジコ）

UV-LEDライト、UVライト、太陽光で硬化する1液性レジン。シリコン型でもしわにならず、反りにくい。抜群のクリア感で、時間が経っても黄ばみにくい。

UVレジンコート
（サン工業）

コーティング用のUVレジン。液だれしにくく、耐水性があり、傷や汚れに強い。ツヤを出すため、仕上げに使う。

ビニール手袋

レジンを使うときは、手につかないようにビニール手袋をして作業しましょう。

＜型＞

＊型の購入はサン工業WEBサイト内の特設ページでご確認ください。 https://sun-clay.life.co.jp/clayjewerly/cj_mold_3d/
価格は税抜きです。

カフェ風ワンプレート

平皿 (1)〜(4)

カフェプレート 立体型（大）
直径6cm / 1500円

ボウル(5)

ボウル 立体型
直径1.3cm、直径2cm / 980円
（p.60 は直径2cm、p.59 は直径1.3cmを使用）

ココット(6)

ココット 立体型
直径5mm、直径1cm、直径1.2cm
/ 980円
（p.53、p.69 は直径1.2cmを使用）

カップ(7)

カフェラテカップ 立体型
8mm×1.1cm、1.6cm×2.1cm、
1.8cm×2.4cm / 1100円
（p.49、p.50、p.51 は1.6cm×2.1cm、
p.55 は1.8cm×2.4cmを使用）

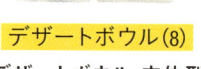

デザートボウル(8)

デザートボウル 立体型
直径2.7cm / 980円

グラス(9)

カフェグラス レギュラー 立体型
直径7mm×7mm、直径1.4cm×1.4cm、
直径1.6cm×1.7cm / 1200円
（p.53 は直径1.4cm×1.4cmを使用）

＊カップ (10)(11) はカプチーノカップ 立体型（5mm×1cm×7mm、1.1cm×1.9cm×1.4cm、1.2cm×2.1cm×1.7cm / 1000円）。p.54 は1.1cm×1.9cm×1.4cmを使用。

平皿 a

オーバル皿 立体型

7cm×5cm / 1500円

平皿 b

ケーキ皿 立体型 (中)

直径5cm / 1300円

平皿 C

フリルケーキ皿 立体型 (小)

直径4cm / 980円

平皿 d

フリルケーキ皿 立体型 (中)

直径5cm / 1300円

パフェグラス

デザートグラス 立体型

2cm×1.5cm、1.5cm×1.2cm / 1000円
（2cm×1.5cmを使用）

グラス

ソーダグラス＆氷 立体型

1.5cm×3.2cm、1.3cm×2.8cm / 1200円
（1.5cm×3.2cmを使用）

深皿 a

オーバル深皿 立体型

3.7cm×5.3cm×1.2cm / 1450円

深皿 b

丸深皿 立体型

直径5cm / 1600円

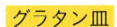

グラタン皿

グラタン皿 立体型

3.2cm×5.1cm×1.6cm / 1240円

ソーサー

ティーカップソーサー 立体型

直径2.8cm、2.3cm / 1060円
（直径2.8cmを使用）

カップ

ティーカップ 立体型

2.4cm×1.3cm、1.9cm×1.1cm / 1160円
（2.4cm×1.3cmを使用）

ミニボウル

ボウル 立体型

直径2cm、1.3cm / 980円
（p.27は直径2cm、
p.25は直径1.3cmを使用）

基本の作り方 （陶器風の器）

粘土を型に詰めるだけで、陶器風の器が作れます。
目の粗さが違うやすりをかけることで、なめらかな仕上がりに。

材料

石粉粘土（**マイネッタ**）

石粉粘土がかたい場合、袋ごとお湯に入れておくと柔らかくなり、成形しやすくなります。

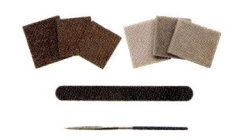

やすり

食器作りの仕上げや木のスプーン作りに。棒やすりは金属製やネイル用などよく削れるものを。紙やすりは目の粗い順に100番、180番、400番を使用。

作り方 平皿

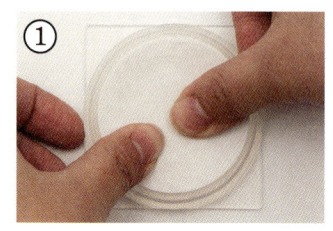

① 石粉粘土を広げて型に詰め、乾燥させる。

② 型からはずす。

③ 縁や表面にやすりをかけ、きれいに整える。表面は目が粗いものから細かいものへと段階をつけて（100番 → 180番 → 400番）かけると、つるつるに仕上がる。

ボウルやカップなど、ふたをする型

① 石粉粘土を型に詰める。

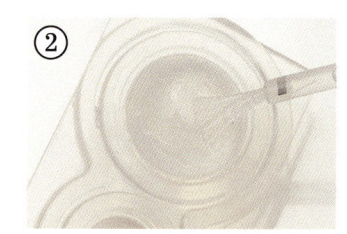

② ふたの裏側にオイルを塗る。
オイルを塗っておくと粘土がくっつかず、はずしやすくなります。

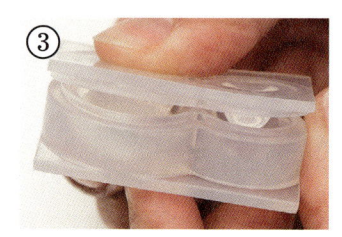

③ しっかり密着させる。

④ ふたをはずして乾燥させる。型からはずし、平皿の作り方③と同様にやすりをかける。

基本の作り方 （洋食器風の器）

乾燥後の強度が高い樹脂粘土を使います。
コーティング用のレジンを塗り、ツヤのある仕上がりに。

材料

樹脂粘土（**グレイスジュエリーライン**）
カラー粘土（**グレイスカラー ホワイト**）
グレイスジュエリーラインは乾燥すると透け感が出るので、真っ白な陶器風にしたい場合は白いカラー粘土を1：1の割合で混ぜ合わせて使います。

ベビーオイル
コーティング用UVレジン（**UVレジンコート**）

---

⑤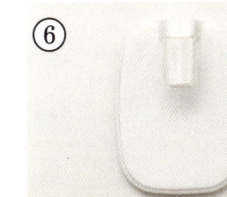

やすりをかけ、バリを取ってなめらかにする。

⑥

作業台を作る。壁掛けフックのフック部分に強力両面テープを巻きつける。

作り方

①

粘土を型に詰めて広げる。ふたをする型は中心にオイルを塗る。
粘土の大きさは型に合わせて調整。オイルを多めに塗ることで空気の入り込みとくっつき防止に。

②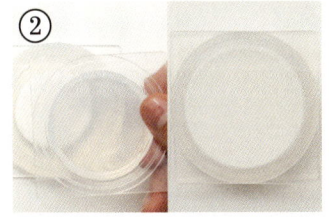

ふたを①にかぶせ、空気が入らないようにしっかり押さえて密着させる。

③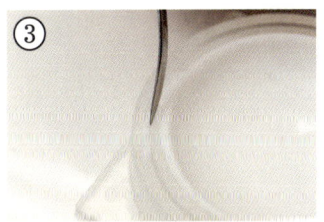

ふたをはずし、バリ（はみ出た部分）を粘土ヘラ（**ステンレスモデラ**）で取る。

④

乾燥させ、型からはずす。5日〜1週間おき、完全に乾燥させる。
約1時間たつと型との間に隙間ができ、オイルを隙間に入れると型からはずしやすくなります。

⑦

⑤の器を裏にして⑥の作業台にのせる。

⑧

UVレジンコートを筆で裏側全体に塗る。UV-LEDライトにあててかためる。
5〜10分ほどでかたまります。手で触ってべたつきがなければOK。

⑨

器の表側も同様に**UVレジンコート**を全体に塗り、UV-LEDライトにあててかためる。
縁も忘れずに塗ります。

⑩

完成。
粘土は乾燥すると約10％縮むため、型の大きさよりもひとまわり小さく仕上がります。

色をつける方法

食器に色をつけるときは、粘土を着色する方法と、絵具で色を塗る方法があります。
どちらかの方法を選び、好みの色を作ってみてください。

粘土を着色する

p.11の要領で、粘土に
アクリル絵具を混ぜて
好みの色に着色する。
以降は**基本の作り方**
(p.132～133) と同じ。
石粉粘土は乾燥すると色
あせるので作りたい色よ
りも濃いめに仕上げます。

平皿 2 (p.127)

石粉粘土にアクリル絵具〈F：カドミウ
ムフリーイエローディープ〉を混ぜ、ク
リーム色に着色。

平皿 3 (p.127)

石粉粘土にアクリル絵具〈P：アイボ
リーブラック〉を混ぜ、グレーに着色。
完全に混ぜきらず、マーブル状にする。

〈スコッチエッグ〉
p.22

樹脂粘土をカラー粘土 (**グレイ
スカラー　レッド＋ブラウン**) で
着色する。

〈ミートソース〉
p.23

樹脂粘土をカラー粘土 (**グレイ
スカラー　レッド＋ブラウン**) で
着色する。

〈ナポリタン〉
p.23

樹脂粘土をアクリル絵具〈**C：イ
エローオキサイド**〉、〈**G：チタニ
ウムホワイト**〉で着色する。

〈ロールキャベツ〉
p.22

樹脂粘土をアクリル絵具〈**K：ロ
ーシェンナ**〉で着色する。

〈カルボナーラ〉
p.23

樹脂粘土をカラー粘土 (**グレイ
スカラー　きつね色**)で着色する。

絵具で色を塗る

① フックに両面テープを巻きつけ、作業台を作る。

平皿4 （p.127）

アクリル絵具〈P：アイボリーブラック〉で黒に着色。

② **基本の作り方**（p.132〜133）で器を作って①の上にのせ、好きな色のアクリル絵具を全体に塗る。
幅広の筆を使うと作業しやすいです。

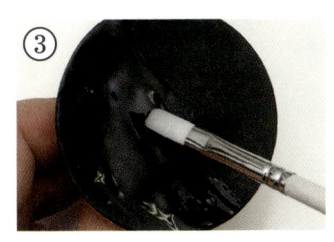

③ 絵具が乾いたら、UVレジンコートを全体に塗ってコーティングし、UV - LEDライトにあててかためる。

〈オムライス〉
p.25

アクリル絵具〈O：ブライトシルバー〉を塗り、ステンレス風の器に。

〈クリームシチュー〉
p.26

アクリル絵具〈K：ローシェンナ〉を塗る。

〈ビーフシチュー〉
p.26

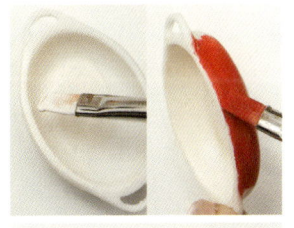

アクリル絵具〈G：チタニウムホワイト〉、〈C：イエローオキサイド〉を混ぜてクリーム色を作り、内側と縁を塗る。乾いたら、アクリル絵具〈E：カドミウムフリーレッドミディアム〉で外側を塗る。

基本の作り方 （ガラス風の器）

UV-LEDレジンを型に流し込めば、ガラス風の器やグラスが作れます。
気泡を丁寧に取ることが、きれいに仕上げるポイントです。

材料　UV-LEDレジン（月の雫）

作り方　＊カップの型を使用

① 型を組み立て、輪ゴムで巻いてしっかり固定する。

② UV-LEDレジンを上から2/3ほどまで入れる。

③ 気泡を粘土ヘラ（**ステンレスモデラ**）ですくい取る。
気泡をしっかり取るときれいに仕上がります。

④ ふたの裏側にUV-LEDレジンを塗る（直接絞り出すか筆で塗り広げる）。
レジンと触れる部分に塗ると型を合わせたときの気泡を防げます。

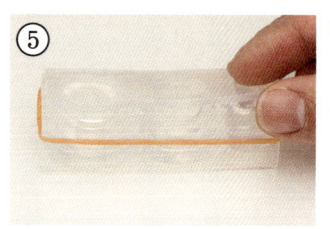

⑤ ④のふたをのせ、上からゆっくり押す。
中のレジンがあふれるので、下にカットしたクリアファイルなどを敷いておくとよいでしょう。

⑥ UV-LEDライトにあててかためる。
2〜3分でかたまります。長くあてすぎると黄ばんでしまうので注意。

⑦ バリ（はみ出た部分）を手で取り、細かい部分はニッパーで切る。

⑧ 底や縁などにやすりをかけ、なめらかになるまで整える。

木のプレート

木の器は盛りつけると温かみのある雰囲気になります。
丸いパーツを彫刻刀で削り、2種のプレートを作りました。

材料

工作用などの木材

ホームセンターなどで購入できる。本書は丸い木のパーツ（直径5cm）を彫刻刀で削ってプレートに。

彫刻刀、コンパス

彫刻刀は丸刀を使用。コンパスは円を描いて印をつけるときに。

作り方

リム皿 (p.127)

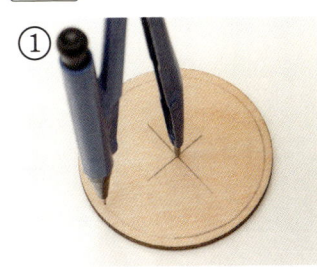
① 丸い木のパーツの中心に印をつけ、縁を少し残してコンパスで円を描く。

④ 削った部分に粗い（100番）やすりをかけ、削り目がなくなるまでなめらかに整える。

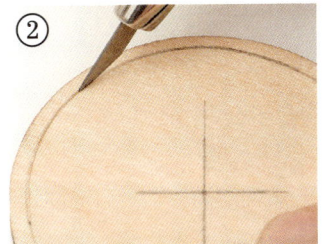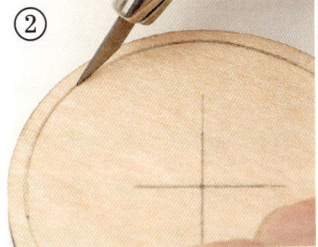
② ①の線に沿ってデザインナイフで切り込みを入れる。

削り目皿 (p.127)

丸い木のパーツの表面を彫刻刀（丸刀）で削り、ランダムに削り目をつける。

③ ①の線の内側を彫刻刀で削る。
あとでやすりをかけるので、あまり深く削らないように注意。

木のカトラリー

割り箸や爪楊枝を使って小さなスプーンや箸が作れます。
よく削れるやすりを用意しましょう。

材料

スプーン
割り箸

箸、箸置き
爪楊枝
工作用などの木材

割り箸、爪楊枝、木の破片

割り箸はコンビニなどでもらえる普通のものでOK。爪楊枝は箸に、木の破片は箸置きを作るときに使用。

小型電動ルーター

木材を削ることができるペンタイプの工具。木のスプーンを作るときにあると便利。なければよく削れる彫刻刀で代用可。

作り方

スプーン

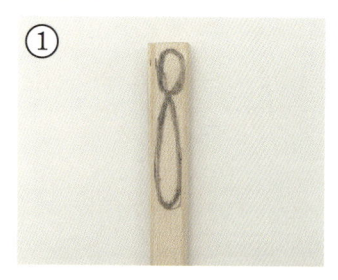
① 割り箸に鉛筆でスプーンの絵を描く。

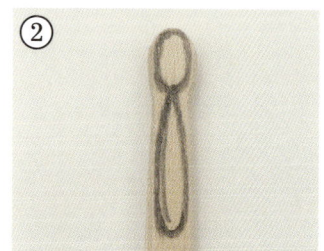
② ①の下書きに合わせ、外側の余分なところをやすりで削る。

③ さらにやすりで削り、すくう部分を持ち手部分より少し低くする。

④ 小型電動ルーター(または彫刻刀)で中をくり抜く。

⑤ 裏側をやすりで削って丸みをつけ、横も削って持ち手部分の形を整える。

⑥ やすりをかけ、好みの
長さに切り取る。

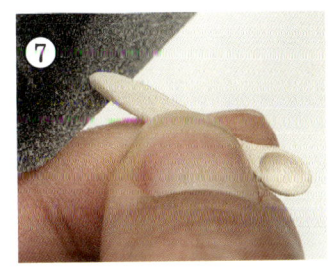

⑦ やすりで好みの形に整える。

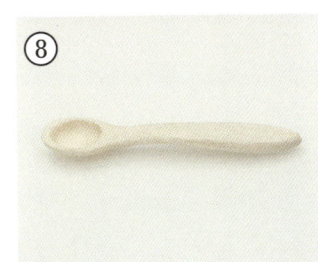

できあがり。

⑧

箸

爪楊枝にやすりをかけ、丸みをなくして平らにする。

箸置き

木の破片をカッターで好きな大きさに切る。

市 販 品 を 食 器 に 活 用

フライパンやカッティングボードは
市販のパーツを使いました。
ワンプレートに使えるアイテムを探してみてください。

スキレット

100円均一ショップで購入できる、スキレット型の計量スプーン。

カッティングボード

「木製カッティングボード（丸）」、「木製カッティングボード」（ともにサン工業）。

ミニチュア洋食のアクセサリー

完成した作品に金具を取りつければ、
ブローチやキーホルダーなどにして持ち歩くことができます。
好きなモチーフを選んで世界で一つのオリジナルアクセサリーを作りましょう。

ブローチ

キーホルダー

ピアス

指輪

アクセサリー
作りの
材料と道具

アクセサリー作りに使用する材料と道具を紹介します。
金具の種類はいろいろあるので、
作りたいものに合わせて選びましょう。

キーホルダー金具

キーリングがついているタイプを使用。リングの部分に金属チャームを取りつけることもできる。

ハットピン（ブローチ金具）

帽子以外にもブローチとして使える。丸皿に透かしパーツを接着剤で貼りつけ、モチーフを貼りつける。

ピアス金具

フレンチフック、釣針タイプを使用。いろいろなデザインや色があるので好みで選んで。

リング台

透かしパーツなどの台がついているタイプを使用。台にモチーフを接着剤で貼りつける。

透かしパーツ

モチーフを接着剤で貼りつけるときに台として使用。穴に丸カンを通して金具もつけられる。

金属チャーム、ビーズ

装飾用の金属パーツやビーズ。サイズやデザインはさまざまあるので好みのものを選んで。

9ピン

数字の9のような形をしているピン。ビーズを通して両端に他の金具を連結するときに。

丸カン

金具やパーツをつなぐ役目をする。いろいろな種類があるので作るものに合わせて選ぶ。

ピンバイス

金具を通すとき穴をあける道具。**精密ピンバイスD（タミヤ）**を使用。別売りのドリル刃を取りつける。

平ヤットコ

金具を挟んだり、つぶしたりするときに使用する道具。丸カンを開閉するときには2本あると便利。

ニッパー

配線コードや針金などを切る工具。金具やビーズ、チェーンなどの長さを調整するときに使用。

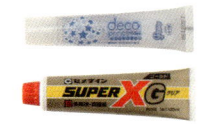

接着剤

液状で塗りやすい**デコプリンセス（コニシ）**、接着スピードが速くて透明度の高い**スーパーXゴールドクリア（セメダイン）**がおすすめ。

アクセサリーを作るときは、接着剤でモチーフを貼りつける
方法と　穴をあけて金具を通す方法の2つがあります。
使用する金具や作りたいアイテムによって選びましょう。

① 接着剤で貼りつける

ブローチや指輪など台がついている金具は、モチーフを接着剤で貼りつければ完成。作品の大きさによってバランスがとりにくい場合は、透かしパーツを貼りつけます。

① ハットピン（ブローチ金具）の丸皿に接着剤で透かしパーツを貼りつけ、透かしパーツの上に接着剤を塗る。

② モチーフを透かしパーツの上にのせて貼りつける。
指輪の場合はリング台についている台に直接モチーフを貼りつけます。

② 穴をあけて金具を通す

キーホルダーやピアスなどぶら下げるタイプは、モチーフに穴をあけて金具を通します。丸カンや9ピンを使って金属チャームやビーズなどの装飾パーツを合わせることもできます。

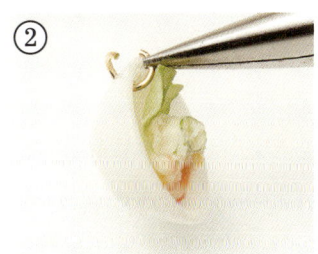

① モチーフの金具をつけたい場所にピンバイスを使って穴をあける。
ここでは、ピンバイスのドリル刃は1mmを使用。作品の厚みに合わせて刃の太さは調整。

② 丸カンを①の穴に通し、ビーズをつけた9ピンや金属パーツをつなげ、ピアス金具などと連結する。
キーホルダーはグラタン皿の取っ手の穴を利用して金具を通しました。

丸カンの使い方

○
×

丸カンを開閉するときはヤットコ2本で両側を持ち、前後にずらすようにする。左右に開くと強度が下がるので注意。

関口真優（せきぐち まゆ）

樹脂粘土を用いたスイーツ作品や制作技法を多数考案し、2008年の著書出版をきっかけに、テレビや雑誌などでスイーツデコレーション作家として紹介される。その後、関口真優スイーツデコレーションスタジオ（現：関口真優クレイアートスタジオ）を設立。その技術指導が注目を集め、海外でも講座を展開。最近では、さまざまな樹脂粘土作品にも意欲的に取り組み、日々研鑽に励みながら創作活動のフィールドを広げている。特にミニチュアフードやパンの制作などで活動の輪を広げ、グローバルにその楽しさを発信している。著書に『関口真優のいちばん親切なミニチュアスイーツの教科書』、『関口真優のいちばん親切なミニチュアパンの教科書』、『樹脂粘土でつくる小さなお菓子の世界 関口真優のミニチュアスイーツショップ』（以上小社）他多数。2019年2月創刊の『樹脂粘土でつくるミニチュアフード』（アシェット・コレクションズ・ジャパン）では監修を務めている。

Instagram @_mayusekiguchi_
https://mayusekiguchi.com

デザイン	桑平里美
撮影	masaco
スタイリング	鈴木亜希子
校正	西進社
編集	矢澤純子

〈材料協力〉

- サン工業　TEL 0790-62-7988　https://sun-clay.life.co.jp
- パジコ　TEL 03-6804-5171　https://www.padico.co.jp
- タミヤ　TEL 054-283-0003　http://www.tamiya.com/japan/index.html
- アイボン産業　TEL 03-5620-1620
- バニーコルアート　TEL 03-6412-7946　https://www.jp.liquitex.com
　＊リキテックスのアクリル絵具

※掲載した商品の情報は2024年9月現在のものです。

関口真優のミニチュアフードの教科書

樹脂粘土でかわいい洋食・カフェ風ワンプレート・ときめくデザートまで ミニチュア食器も手作り！

2024年10月20日　初版印刷
2024年10月30日　初版発行

著　者	関口真優
発行者	小野寺優
発行所	株式会社河出書房新社
	〒162-8544　東京都新宿区東五軒町2-13
	電話　03-3404-1201（営業）
	03-3404-8611（編集）
	https://www.kawade.co.jp/
印刷・製本	三松堂株式会社

Printed in Japan
ISBN978-4-309-29442-1